희망에
대하여

김영춘 外 지음

부울경 메가시티

희망에
대하여

"부산이 대한민국의 희망이던 때가 있었다.
그랬던 부산이 1990년대 이후 급격히 쇠락하기 시작했다."

"부산은 희망을 잃어버리고
옛 영광만 추억하는 도시로 전락한 것이다.
반세기 동안 부산을 이끌던 사람들은
대체 무엇을 하고 있었던 것인가."

"우리는 다시 희망을
재조직해야 한다."

"희망에 대하여"

부산이 대한민국의 희망이던 때가 있었다. 6.25 전란 속에서도 부산은 수많은 피난민을 받아들였다. 원조 경제의 기지 역할을 맡고 대한민국을 살리면서 부산은 성장했다. 1963년 부산은 몸집을 계속 키운 끝에 경상남도로부터 독립하여 부산직할시로 승격했다. 그 시절 부산은 신발, 합판, 해양수산 산업 등의 호조로 전국 팔도에서 유입된 노동자들로 북적였다. 1980년대 초에는 서울과 함께 성장억제도시로 지정될 만큼 강하고 큰 도시였다.

그랬던 부산이 1990년대 이후 급격히 쇠락하기 시작했다. 기존 산업이 경쟁력을 잃어가는 상황에서도 새로운 성장산업을 일으키지 못했기 때문이다. 부산을 대표하던 국제그룹, 삼화고무, 동명목재가 흔적 없이 사라졌다. 김영삼 대통령이 유치한 삼성자동차 이외에는 부산에 공장을 짓는 대기업이 없었다. 좋은 일자리가 점점 사라지니 사람들이 부산을 떠나기 시작했다. 2020년을 기준으로 지난 25년 동안 연평균 2만 명 이상의 사람들이 부산을 등졌다. 한때 390만 명에 달하던 부산 인구는 약 340만 명으로 격감했다. 이삼십 대 젊은 세대가 고향을 떠났다. 젊은이들이 희망을 찾아 도시를 뜨자 부산은 노인인구 비율이 7대 광역시 중 가장 높은 도시가 되고 말았다.

부산은 희망을 잃어버리고 옛 영광만 추억하는 도시로 전락한 것이다. 반세기 동안 부산을 이끌던 사람들은 대체 무엇을 하고 있었던 것인가. 우리는 다시 희망을 재조직해야 한다. '부울경 메가시티론'은 그런 마음으로 구상되었다. 과거에는 흩어져야 좋다고 생각했다. 그런 생각에 부산, 울산, 경남이 서로 분리되었던 것이다. 그러나 이제는 뭉쳐야 산다는 생각이 부울경 지역 전체에 널리 퍼져 있다. 부울경이 서로 뭉쳐야 한다는 이 생각은 숙의 없이 등장한 아이디어는 아니었다.

2000년대 초에 권역별 경제권을 만들자는 논의가 생겼다. 하지만 그 논의가 잘 이어지지는 못했다. 넥센의 강병중 회장을 비롯한 경제인들이 부울경특별시를 주창하기도 했다. 그러나 행정기관의 칸막이 의식을 넘어서진 못했다. 2012년 무렵 경상남도 김두관 지사가 부산과 경남의 행정통합을 제안했다. 사정은 부산이 더 급했음에도 당시 부산시장은 경남의 제안에 호응조차 하지 않았다. 지역 정치인들은 부산의 미래가 달린 일에 무감했다. 그러는 사이 경남과 울산도 경기가 침체되기 시작하면서 부울경 일대에 어두운 그림자가 드리워졌다.

2019년 4월 나는 해양수산부 장관직을 마치고 다시 부산에 돌아왔다. 나는 부산의 부흥을 오매불망하고 있었다. 앞선 논의들과 전문가들의 조언을 참고하면서 숙고 끝에 내린 결론이 바로 부울경 메가시티론이었다. 부산과 울산과 경남을 하나의 광역도시로 묶는 부울경 메가시티의 추진이었다. 이 방법밖에는 없다고 생각했다. 800만 부울경이 뭉쳐 규모의 경제를 만들어 내야만 부산의 새로운 도약이 가능하다고 결론지었다. 부산, 울산, 경남이 하나의 경제권이 되어야만 안으로는 새로운 활력을 만들어 낼 수 있으며, 밖으로는 내로라하는 글로벌 도시와 자웅을 겨룰 수 있다고 생각했다. 이것이 성장 동력을 잃고 시름 하는 대한민국의 승부수가 될 수도 있을 것이다. 그래서 나는 창원에 있는 김경수 경남지사를 찾아갔다.

그저 아이디어를 전하려는 차원이 아니었다. 내게는 이걸 꼭 성사시켜야 한다는 사명감이 있었다. 그게 부산 정치인이 할일이라고 생각했다. 다만 이런 일을 제대로 성사시키려면 세심한 절차가 필요하므로, 부산 정치인인 내가 아니라 경남도지사가 먼저 공식적으로 제안하고 부산시장과 울산시장이 호응하는 공명의 과정을 거치는 게 좋겠다고 생각했다. 나는 김 지사에게 유럽경제공동체(EEC)와 유럽연합(EU) 이야기를 꺼냈다. 유럽 각국은 오랫동안 공동사무국을 두고 회원국 정상회담, 장관회의 등을 정기 개최하면서 공동이익의 실현을 위해 노력한 결과 유럽연합을 결성하였다. 우리도 그걸 본받아 부울경 경제공동체를 만들어가는 프로세스를 역설했다.

김 지사도 나와 똑같은 생각으로 호응해주었다. 경남도 수출이 20% 격감하는 고통을 겪고 있던 시점이었다. 우리는 같이 고민했다. 그리고 지혜롭게 개척해 나가기로 했다. 2019년 10월, 그가 부울경 메가시티를 공식적으로 제안했다. 그 소식을 접하자마자 나는 민주당 중앙당에 요청하여 부울경 국회의원들을 중심으로 당 공식특위인 '부울경메가시티 비전위원회'를 구성했다. 상임위원장직을 맡은 나는 더불어민주당 소속의 부산시장에게 공식적인 반응을 요청했다. 그리하여 2020년 1월 부산시장 신년사에서 김경수 경남지사의 제안을 수락하고 3개 시도 협의가 시작되도록 한 것이다. 이후 부울경은 3개 시도 싱크탱크 합동으로 메가시티 구축방안 연구에 착수했다. 그리고 지난 7월, '동남권특별연합안'을 중간발표 했다. 김경수 지사는 11월에 한발 더 나아가 부산과 경남의 행정통합을 제안하기도 했다. 바로 그것이었다. 행정기관의 칸막이를 없애고 서로 머리를 맞대고 지혜를 모아 힘을 합치는 것이 가장 빠른 방법이다.

우리는 이 프로젝트를 꼭 성사시켜야만 한다. 이 프로젝트만이 모든 자원뿐만 아니라 수많은 모순까지 수도권에 집약되어 수라장이 된 서울 일극주의 현실을 바로잡을 수 있다. 동남권에서 대한민국의 미래를 개척할 수 있는 유일한 방법이다. 부울경 메가시티만이 부산이 살 길이며 또한 이 나라가 발전할 수 있는 좋은 길이다. 날로 깊어진 수도권과 지방의 격차를 그대로 둔다면 수도권은 자기모순을 해결할 능력을 상실할 것이고 지방은 소멸의 위기로 치달을 수밖에 없다. 이 길은 공존의 길이며, 저 길은 공멸의 길이다. 우리는 어떤 길을 선택해야만 하는가.

우리가 가야 하는 길에는 가덕도 신공항이 있다. 부울경 메가시티는 단순한 행정구역 조정이 아니며 지역 경제의 교류장도 아니다. 세계 시장에서 우뚝 서겠다는 큰 비전이 들어있다. 전 세계와 빠르게 교역하고 글로벌 투자를 유치하겠다는 것이다. 그러려면 세 가지가 필요하다. 이 중 하나는 이미 우리에게 있다. 세계 최고 수준의 부산항이다. 둘째 국제공항이 필요하다. 이것이 우리에게 없다. 24시간 이착륙이 가능한 경제공항, 세계 어느 곳이든 갈 수 있는 국제공항이 없다. 그게 필요하다고 우리 모두가 역설하고 있는 게 바로 가덕도 신공항이다. 셋째 부울경 지역을 단번에 연결해주는 광역전철망이 필요하다. 서로 연결돼 있어야만 총력전을 펼칠 수 있기 때문이다.

희망이 없다면 죽는 것이요 희망이 있다면 사는 것이다. 부산은 죽어 있었다. 그러나 우리는 다시 미래의 희망을 설계한다. 동남권의 특별한 연합은 지금까지와는 다른 차원의 투자 유치, 전에 없던 활력으로 빚어내는 산업과 인재의 재배치, 경제권 통합으로 생겨나는 소비시장의 확대, 그리고 대한민국을 이끌어가는 동북아의 경제중심지를 이루어낼 것이다

여러 학자께서 이 설계 작업에 동참했다. 이 책이 밑그림을 그린다.

먼저 부산대 정주철 교수는 메가시티의 원칙을 제시하면서 외국의 사례 그리고 주거와 교통, 경제와 산업 등 다양한 측면에서 부울경 메가시티가 지향해야 할 점들을 정리해 주었다. 이어서 내가 부울경 메가시티론을 논하면서 동남권 인구의 유출 현상을 분석하고 과학기술

역량을 평가한 뒤 부울경의 분산된 혁신역량을 모으는 방안과 지역별로 산업을 특화시키면서 서로 지원하는 경제공동체 모형을 제안하는 글을 맡았다.

다음은 부산대 정헌영 교수의 글이다. 가덕도 신공항의 중요성을 매우 방대한 지식으로 다루고 있다. 가덕도 신공항 건설을 축으로 공항 복합도시의 건설, 트라이포트(Tri-port)의 완성, 광역 교통망 구축, 항공부품·정비 산업 등 신산업의 기회 등 다양한 지식을 전한다. 이어서 인제대의 송지현 교수가 부산 지역화폐인 동백전을 부울경 지역화폐로 확대함으로써 명실상부한 경제공동체를 만드는 방안을 설득력 있게 전개했다. 부울경의 경제에서는 관광산업도 중요하다. 이어서 내가 관광산업의 수도권 집중 문제와 부울경의 영세한 관광산업의 현황을 설명하면서 동남권 관광벨트 구축을 제안했다.

그다음 영산대 주유신 교수가 영화영상산업을 부울경으로 확대하여 함께 성장시킬 수 있는 구체적인 방안을 모색했다. 마지막으로 부경대 차재권 교수는 부울경 메가시티를 만드는 행정적 방향을 영국의 광역연합의 사례를 빌어 설명함으로써 독자에게 부울경 메가시티가 실현 가능한 전망임을 보증했다.

공동 집필에 참여한 모든 학자에게 심심한 감사의 마음을 전한다. 이 책은 그동안 꿈꾸어 왔던 부울경 메가시티론을 부산, 울산, 경남의 시도민들과 같이 나누고 함께 꿈꾸기 위해 기획되었다. 아직 완성된 설계도는 아니다. 그러나 우리의 이 원대한 희망의 여정은 이미 시작되었다. 생각과 의지가 희망으로 뭉쳐질 때 부산은 부활할 것이고, 다시 대한민국의 희망이 될 것이다. 하면 된다, 할 수 있다, 해보자 부산!

부산시민공원에서

2021년 희망찬 새해를 맞이하며

김영춘 쓰다

C·O·N·T·E·N·T·S

머리말_희망에 대하여

왜 메가시티인가?
지역균형 실천을 위한 준비

정주철
부산대 도시공학과

수도권 공화국과 지역의 소통

현재 과도한 수도권 집중과 비수도권 지역의 일자리 및 인구감소로 인해 수도권과 지방의 격차가 커지고 있다. 국토 면적의 11.8%에 불과한 수도권 지역에 인구의 50% 이상, 청와대와 국회 대법원 등 최고 권력기관 100%, 국내 1000대 기업 본사의 74%, 문화 콘텐츠 사업의 86.2%, 대학평가 상위 20대 대학 중 80%, 신규 투자의 75.8%가 몰려있다.

또한 수도권에 집중된 기능으로 인해 지속적인 주택 부족, 부동산 가격 폭등 등의 문제가 제기되고 있다. 국토교통 통계누리 자료에 따르면 서울의 경우 주택보급률이 2014~2015년도 96.0%, 2016~2017년 96.3%, 2018년도 95.9%로 주택의 공급이 부족함을 알 수 있다. 국토부에서는 수도권의 주택 부족 문제에 집중한 신도시 계획을 수립하고 있다. 하지만 이러한 정책은 수도권의 부족한 주택 공급을 타개하기 위한 단기적 대책으로 근본적으로 타 지역이 '살만한' 도시로 거듭나지 않는 이상 수도권에 집중된 인적·문화적·물리적 인프라와 일자리 등으로 인구과밀 현상이 심화되고 이로 인해 주택 부족 문제가 반복될 것으로 예측된다.

최근 정부는 「2차 한국판 뉴딜 전략회의」에서 지역균형

희망에 대하여_부울경 메가시티

뉴딜을 주제로 전략회의를 개최하였다. 디지털, 그린과 더불어 지역균형 뉴딜을 추가하여 지역에서부터 역동적인 변화를 기대하고 있다. 여러 시·도지사와 함께한 자리에서 뉴딜 예산 160조 중 75조를 지역단위 산업에 배정한다고 발표했다. 또한 초광역권 등 지역주도의 창의적 발전 모델 창출과 기존 국가균형발전의 연계에 대하여 언급했다. 시·도지사들은 지역의 방향성과 전략에 대하여 발표했는데, 지역의 경쟁력을 갖추기 위해 대구-경북, 광주-전남은 행정통합을 논의하고 있음을 밝혔다. 또한 부울경과 충청권은 메가시티를 언급하면서 지방정부들이 초광역권 형성을 위한 이론적, 실천적, 정치적 논의를 진행하고 있음을 드러냈다.

예산 및 개발사업 확보를 위한 지방정부 간의 불필요한 경쟁과 대립에 반하여 소통과 협력으로의 변화 촉구와 이익 공유에 대한 논의가 시작되고 있다. 부울경의 경우 남강댐을 둘러싼 부산-경남 간 물 문제, 가덕도·밀양 간 신공항건설 등 지방정부 간 대립이 발생하였고 이는 곧 지역의 경쟁력 약화로 이어졌다. 이후 공동의 이익을 위해 부울경은 부산 신공항 검증에 협력하고 있으며 부산-경남 간 협력을 통해 부산 제2신항 건설, 부산-울산이 공동으로 유치한 원전해체 연구소 등을 통하여 여러 문제에 관하여 소통과 협력을 시도하고 있다.

해외에서 배우는 메가시티 전략

메가시티(Megacity), 메가시티리전(Megacity Region), 메가리전(Mega Region)에 대한 논의들이 지속적으로 제안되고 있다. 메가시티는 단일 대도시권, 메가시티리전과 메가리전은 여러 대도시권의 융합이라는 의미로 서로 다른 정의를 가지고 있지만, 생활권이 연계된 지역을 하나의 네트워크로 인식하고 이를 고려한 계획 및 정책을 제안해 나간다는 공통점이 있다.

해외에서도 권역을 형성하여 도시의 경쟁력을 상승시키기 위한 사례들이 제안되고 있다. 미국의 경우 2006년 오바마 정부에서 'America 2050'을 통해 광역권 중심의 메가리전 전략을 발표해 10개의 거대 권역이 발생할 것으로 예상된다. 메가리전은 5가지 주요 범주가 공통의 이익을 함께하는 지역을 말하며, 이는 정책적 결정을 기초적으로 함께 함을 의미한다. 이때 5가지 주요 범주는, 환경체제 및 지형, 인프라 시스템, 경제 연계, 정주형태 및 토지이용으로 정리하

희망에 대하여_부울경 메가시티

고 있다. 메가리전을 위해 개발용량창출, 사회와 경제 모빌리티 재정의, 천연자원 시스템 형성 지역 보호 및 회수, 새로운 금융 및 의사결정 프레임 워크 촉진, 토지이용 정책에서 주의 역할 개혁이라는 5가지 목표를 제안한다. 먼저 개발용량창출은 TOD(Transit Oriented Development)개발및 스마트성장(Smart Growth)의 원칙을 지킨 개발을 제안한다. 서울특별시 도시계획국(2016)에 따르면 TOD란 교통과 토지이용을 연계하여 고밀 개발을 유도하는 도시개발방식을 말하며, 스마트 성장(Smart Growth)은 도시계획 및 개발형태 측면에서 계획에 의한 개발과 도심고밀 개발을 지향하고, 토지이용계획 측면에서 혼합토지이용, 교통계획 측면에서 도보·대중교통, 도시설계 측면에서 공공공간을 강조하며, 계획과정 측면에서 정부 간·이해집단 간 조정과 협의를 중시하는 계획을 말한다. 두 번째로 사회와 경제 모빌리티 재정의는 교통 네트워크 발전에 따라 경제적 권역과 기회가 넓어지며 이를 통해 빈곤을 감소시키는 것을 목표로 한다. 세 번째 천연자원 시스템 형성, 지역 보호 및 회수는 주요 환경 경관과 자원영역으로 연결된 수도권이 자연유산을 함께 지키기 위해 기존 도시 및 교외의 새로운 개발에 집중한다. 네 번째 새로운 금융 및 의사결정 프레임워크 촉진을 통해 지역 경계를 넘나드는 전략적 파트너십을 구축한다. 다섯 번째 토지이용 정책에서는 주의 역할 개혁을 통해 중앙의 교통부, 개발, 운송, 환경 및 관련 기능들을 수용할 수 있도록 한다.

America 2050(megaregion)

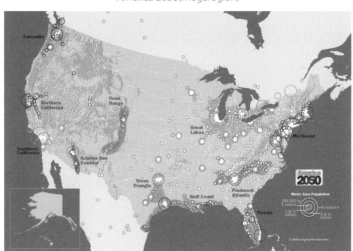

자료: https://sites.utexas.edu/cm2/about/what-are-megaregions/

일본의 경우 「국토 그랜드비전 2050」을 통해 3대 도시권을 리니어 중앙 신칸센으로 연결한 Super Mega Region을 구축한다. 도쿄권은 국제적 기능, 나고야권은 첨단 제조업, 오사카권은 문화·역사·상업의 특성을 주요기능으로 제안한다. 일본은 인구감소시대에 대응하여 보다 효율성 높은

희망에 대하여_부울경 메가시티

도시구조를 형성하기 위해 광역 도시권을 계획하였다. 또한 Future Indusrty Cluster, 광역블록의 상호 간 연계 강화, 컴팩트 시티와 고차원 지방도시연합(30만 이상 도시)을 형성하여 활력 있는 집적지로 지방권역을 형성하고 민간기업 시설 등의 지방 이전 촉진정책 검토를 통해 도쿄 극집중화를 탈피했다.

국토 그랜드디자인 2050(Super Megaregion)

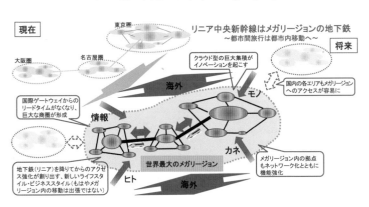

그림: https://www.mlit.go.jp/common/001033678.pdf

중국은 2014년 「징진지(京津冀) 협동 중대전략」, 2016년 「징진지(京津冀) 협동발전 계획강요」를 통해 광역권을 발표했다. 베이징에 집중한 기능을 허베이, 톈진에 분담하고 세 지

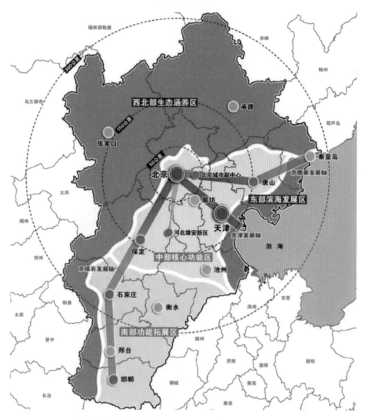

그림: 산업연구원;바이두(www.baidu.com); 북경성시총체규획(2016~2035년).

역을 하나의 경제권으로 일원화시키는 개발 방향을 제안하
였다. 베이징의 과밀해소 역할 분담을 통해 선진지역으로 발
돋움할 수 있는 권역을 형성하여 대도시를 중심으로 주변 지

역의 산업, 교통, 환경문제를 통합적으로 고려하고 있다. 베이징의 경우 정치와 문화, 경제교류와 과기창신의 중심으로 기능 형성하였다. 톈진은 개혁·개방의 선행구로 제조업의 연구개발, 항운, 금융의 기능을 중점으로 하였으며 허베이는 물류와 전통제조업의 구조고도화를 통해 지역특화산업 발전과 생태 보존구로서의 역할을 분담하였다. 기능 분배 외 징진지의 연결성을 위해 1시간 안에 권역을 이동할 수 있도록 지역 철로망을 구축하고 베이징 주변 고속도로망을 건설하여 교통 일체화를 진행하였다.

메가시티로 가는 길

앞서 설명한 사례들은 국가적으로 메가시티를 진행한 것이다. 이외에도 지역의 관할 경계를 넘어 여러 도시들이 지역 거버넌스를 구축하여 선제적으로 광역정부를 시행한 오리건 메트로(Oregon Metro), 미니애폴리스-세인트폴(Mineeapolis. St Paul)의 사례를 통해 시사점을 도출하여 메가시티로 나아가기 위해 필요한 것들을 다음과 같이 제안하고자 한다.

첫 번째로 메가시티 형성에 있어 도시계획적 권한이 있는 조직이 필요하다. 광역권 전체의 발전을 위해 권역들이 상충되지 않는 기능적 이점을 발전시켜 나가야 하며 이를 위해 지역들의 갈등을 조정하고 총괄할 수 있는 조직이 필요하다. 전반적으로 메가시티를 운영해 나가면서 문화, 경제, 교통, 정책, 토지이용 등 메가시티 내에서 통용되고 공통적으로 운영해 나가야 할 사안들에 대하여 조정하고 가이드라인을 구축해야 함을 알 수 있었다. 미국 오리건 메트로는 오리건의 포틀랜드와 주변의 23개의 도시를 포함하는 광역정부로, 대도시권을 관리하는 도시계획적인 권한을 가진다. 이조직은 도시계획적 권한을 가지고 도시 성장 경계선(Urban Growth Boundary)을 설정하고 조정하여 개발 수용, 주택 필요량 등을 산출한다. 또한 광역정부를 운영함에 있어 지역의 도시계획간 정합성 확보와 이해관계를 조율한다. 주정부 및 연방정부의 교통기금을 관리함으로 실질적으로 메트로를 형성하고 운영할 수 있는 추진력을 발휘할 수 있었다.

두 번째 지역의 경쟁력을 갖추기 위해 행정 이익 공유를 통해 권역이 함께 발전할 수 있는 선순환적 정책이 필요하다. 미국 중북부 미니애폴리스-세인트폴은 여러 지역이 세금 공유(tax-sharing)를 통해 지역의 경쟁력을 향상시켰다. 이 지역은 미국 Fortune 500대 기업 중 19개 회사의 본사가 있다. 미니애폴리스-세인트폴의 기업들이 성장한 이유는 도시가 젊은 인재들이 주거하기에 좋기 때문이다. 세금 공유를 통해 보다 형평적인 주택정책 실행하여 젊은 층의 주거를 보장하였다. 공유한 이익은 저소득 지역 시설을 개선하여 삶의 질을 높이고, 지역을 활성화하여 장기적으로 지역의 교육 수준이 높아지면서 지역 내 인재들이 증가하는 선순환을 이루어냈다. 더불어 이들이 지역 외부로 유출되는 것을 방지하고, 인적자원은 중견기업을 대기업으로 발전시키는 견인차가 되어 지역의 경제적 경쟁력을 높이는 사례가 되었다.

세 번째로 경제(기업 및 산업), 문화, 거주 기능 및 공간의 질 향상이 필요하다. 사람들이 살고 싶고 찾아오고 싶은 매력적인 도시를 창조하기 위한 전략이 마련되어야 한다. 많은 사례에서 첨단산업 및 지역 특색의 산업적 기능을 유치하고 발전시켜 경제 네트워크를 형성하는 경제적 측면을 주요하게 고려한다. 문화 및 거주의 기능과 공간의 질 향상은 사람들이 머물고 싶은 도시를 형성하는데 기본적 요건이 된다.

네 번째는 접근성 높은 교통체계 형성을 통해 직장, 주거, 여가활동, 경제활동 등 도시의 여러 활동 및 기능을 공유할 수 있는 시스템을 구축하여 공간적 일체감을 형성해야 한다. 미국, 일본, 중국 등 세계적으로 메가시티, 메가리전을 형성하기 위해 각 권역에 도달할 수 있는 교통체계를 마련하여 공간적 일체감을 마련하고 있다. 국내의 경우 수도권(서울-경기) 광역버스와 철도, 지하철 등을 연계하여 큰 권역을 이루고 있어 직장, 주거, 여가 등을 위한 이동이 활발하다.

부산·울산·경남 메가시티부터

메가시티로 나아가기 위해 필요한 조건들과 현재 진행되고 있는 논의들을 고려하면 부산·울산·경남의 메가시티가 가장 효과가 클 것이다. 부산·울산·경남 도시계획 권한을 가진 연합 조직 운영, 생활·산업·문화권 3가지 주요 범주의 공동이익 도모, 부산·울산·경남을 잇는 동남권 메가시티의 중심 권역 및 중심 지점 설정, 토지이용 및 주거정책을 통해 권역단위 사업과 도시 관리 및 주거 복지를 제공할 수 있는 토대 마련, 동남권 광역교통망을 구축하여 부산·울산·경남의 일체감 있는 공간 형성, 기후변화 및 환경 그리고 산업을 위한 에너지 활용 구축, 문화, 자연, 관광, 교육 문화권 연계와 같은 전략들을 제안한다.

부산·울산·경남 도시계획 권한을 가진 연합 조직 운영

부산·울산·경남의 광역행정 조직 운영 시 토지이용, 주택, 교통 계획 수행을 위해 도시계획 권한을 가진 연합 조직이 필요하다. 도시계획의 권한이 조직에 주어져야만 부울경을 연계한 큰 계획들을 원활하게 진행할 수 있다. 지역의 상위계획과 방향을 마련하고 토지이용을 통해 계획을 현실화하며, 지역들 사이에 발생하는 갈등을 조율할 수 있다.

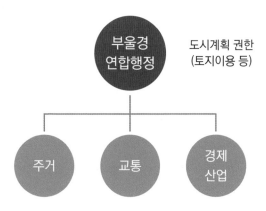

생활·산업·문화권 3가지 주요 범주의 공동이익 도모

권역의 공동이익을 도모하기 위해 생활·산업·문화권에서 공동이익을 도모해나가야 한다. 생활의 일원화를 위해 첫 번째 교통의 물리적(도로망, 철도망)·경제적(환승체계) 네트워크 형성해야 한다. 두 번째 메가시티의 공간적 관리와 삶의 질 향상을 위해 토지이용 및 주거에 관한 가이드라인이 필요하다. 세 번째 에너지 활용의 부문에서 공동의 이익을 추진해 나가야 한다.

산업경제의 범주에서 공동이익을 도모하기 위해서는 부울경의 주요산업인 항공·제조·자동차·조선 산업의 첨단화·스마트화가 필요하다. 또한 첨단산업의 생태계 및 네트워크를 형성해 나가야만 기술변화의 시대에서 부울경 지역이 경쟁력을 가질 수 있다.

마지막으로 문화권의 범주에서 공동이익을 도모하기 위해 부울경 지역은 지리적으로 그리고 생활적으로 연계된 자연, 관광, 교육, 문화 등 문화권을 연계하여 교류하고 부족한 부분을 함께 발전시켜 나가야 할 것이다.

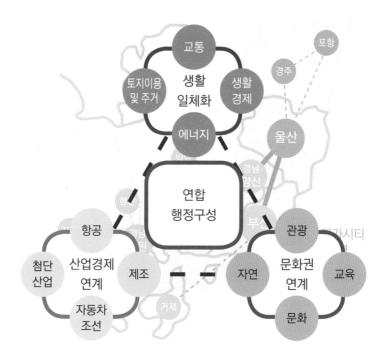

부울경 메가시티의 중심 권역 설정

동남권 메가시티를 형성하기 위해 경제 및 생활권역이 연계되어 있는 울산 대도시-부산 대도시-경남 창원 대도시와 경남의 김해시, 양산시를 잇는 메인 권역을 제안한다. 경남도 서부의 경우 실질적으로 부산·울산과의 교류가 낮으므로 진주시와 사천시를 중심으로 다른 연합 체제를 형성하여 메인 권역과의 연계를 도모해야 할 것이다.

권역단위 도시 관리 및 주거 복지 제공

다핵 공간 형성과, 지리적으로 연계된 부울경 지역의 자연자원을 관리하기 위해 토지이용 및 개발용량과 관련한 제도적 합의를 진행하여야 한다. 부울경의 주요 공간을 형성함

희망에 대하여_부울경 메가시티

에 있어 토지이용과 개발용량은 키포인트가 될 것이다.

또한 장기적으로 삶의 질을 향상하기 위해 주택과 관련하여 적정주택(affordable housing) 제공을 통해 안정된 주거 공급이 필요하다. 전 세계적으로 지역 경쟁우위를 가진 지역은 높은 기술의 숙련자와 산업과 높은 삶의 질, 적정주택(affordable housing)의 선택권, 교통 허브를 제공하고 있다. 부울경 지역의 젊은 지역인재 유출 문제가 뚜렷하게 나타나고 있기에 이러한 정책이 조속히 이루어져야 한다. 또한 전국적으로 주택 절대 부족 및 전세금 상승의 문제가 발발하고 있기에, 질 높은 정주여건과 부족한 적정주택을 제공할 수 있는 주택정책을 함께 모색해야 한다. 현재 LH 및 중앙정부가 주도하는 주거복지정책은 수도권에 집중되어 있으며, 지역 주거복지향상에 소극적으로 대처하고 있다. 더불어 국민주택채권, 청약저축, 융자금 회수 등으로 마련되는 주택도시기금은 임대주택 공급 및 주거환경을 위해 조성되었지만, 수도권에 집중된 기금 사용의 형태를 보이고 있다. 이러한 현행 체계의 문제에 대한 이의를 제기하는 동시에 부울경메가시티의 적정주택을 제공하기 위해 자치적으로 임대주택을 운영할 수 있는 기관을 설립하여 주거복지를 개선해 나가야 할 것이다.

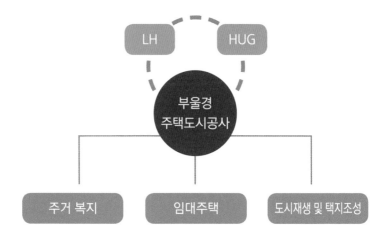

동남권 광역교통망을 구축하여
부울경의 일체감 있는 공간 형성

국토연구원(2020)은 연구보고서를 통해 부산, 울산, 경남이 서로 영향력 있는 교통이동 패턴을 보이고 있음을 밝혔다. 부산은 경남의 창원시, 김해시, 양산시의 교통 네트워크에 서로 영향을 미치고 있다. 울산시는 경남의 거제시, 함안군, 창녕군, 밀양시는 부산시의 영향권에 포섭되고 있음을 보여주었다. 현재 부산, 울산, 경남은 광역권역을 형성하기 위해 광역교통망 확충사업을 계획 및 협의 중에 있다.

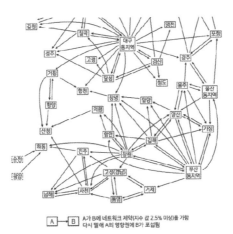

그림: 부산일보, "부울경, 메가시티 급행철도 건설 등 공동 건의",
국토연구원, 도시의 영향권과 기능 연계권 분석을 통한 도시권 확정 연구, 102p

김경수 경상남도지사는 제2차 한국판 뉴딜 전략회의에서 부울경의 일체화된 광역교통권에 대하여 언급하였다. 세 지역은 현재 부전~마산 복선전철 전동열차 도입, 급행철도 건설, 순환철도 건설, 김해-부산-울산 광역철도 건설, 광역 급행 버스 도입이 논의되고 있다. 광역교통망의 확충은 환승 체제와 함께하기 때문에 생활경제적 부문에서도 일체감이 형성될 것으로 예상된다.

제2차 한국판 뉴딜 전략회의 에서 김경수 도지사가 발표한 내용을 토대로 작성

희망에 대하여_부울경 메가시티

기후변화 및 환경 그리고 산업을 위한 에너지 활용 구축

국가적으로 신재생에너지 공급을 진행하고 있지만, 사회적 비용과 현실적인 에너지 수급계획 및 공급능력으로 원자력 발전소가 지속적으로 운영되고 있다. 부산에는 고리원전, 울산은 신고리 원전이 존재하기에 인접한 부울경 지역은 에너지 관련 안전 및 환경 이슈를 공유하고 있다. 최근 부산시와 울산시의 '에너지산업 융복합단지'로 지정하여, 원전해체 에너지 산업융복합단지를 계획하고 있다. 에너지 융복합단지의 코어지구는 부산 기장군 동남권 방사선의과학산단, 반룡 부산 신소재 일반산단, 울주군 에너지 융합산업단지를 포함하고 있다. 연계지구로는 부품 관련 집적지인 녹산 국가산단이 중심지가 된다.

2019년에는 수소에너지와 관련하여 동남권 수소경제권 형성을 워킹그룹을 구성했다. 이 그룹은 수소에너지 공급을 통해 파생되는 공동사업을 발굴하고 기획하고 있으며 세부적으로 수소전기차, 수소충전소 구축 등 수소의 생산, 저장, 운송, 활용에 관한 모델을 함께 구축하고 있다. 에너지 전환의 이슈와 그로 인한 부울경의 변화를 토대로 권역의 시너지를 생성해 나가야 한다. 지속적으로 제기되고 있는 기후변화와 환경문제, 그리고 그린뉴딜을 고려하였을 때 권역은 에너지 활용 전략을 견고히 갖춰나가는 것이 필요하다.

산업경제를 위한 항공·자동차·조선·제조·첨단산업 연계

부울경은 항공, 자동차, 조선 산업과 후방산업인 제조산업들이 주력산업이다. 최근 주력산업들의 매출이 감소하면서 지역의 경제가 전체적으로 침체되었다. 위기와 더불어 급변하는 기술로 인해 최근 부울경은 상황을 개선하기 위한 첨단산업의 필요성을 인지하고 있다. 기존의 주력산업을 바탕으로 R&D 체계를 견고히 하고, 산업들을 고도화시켜 첨단산업으로의 재도약이 필요한 시점이다.

항공과 관련 제조 분야는 항공우주산업이 중점적으로 이루어지고 있는 경남을 중심지로 지정하고 부산-울산-경남의 R&D 체계를 형성해야 한다. R&D체계는 KAI(한국항공우주산업), KTL(한국항공우주산업), 울산대(항공우주공학과), UNIST(기계항공 및 원자력 공학부), 부산대(항공우주공학과), 경상대(항공우주 및 소프트웨어 공학부) 외 부울경 항공우주산업 산업체들을 연계하여 워킹네트워크 형성을 제안한다. 더불어 항공물류 산업을 형성하기 위해 부산 신공항의 조속한 시행과 부울경 핵심지역을 이동할 수 있는 교통인프라의 형성이 동시에 진행되어야 하다. 현재 인천공항 98%, 김해공항 1%의 화물물동량을 가지고 있다. 또한 부울경 항공 물류의 99%가 인천공항에서 처리되고 있으며, COVID-19의 사태로 인해 물류의 중요성이 높아지고 있다. 이러한 상황을 고려하였을 때 부산의 신공항 유치와 연계하여 항공물류산업 확보가 필요하다.

자동차·조선 산업과 관련 제조 분야는 현재 침체를 겪고 있으며 이를 극복하기 위한 기술의 혁신이 필요하다. 자동차 및 조선 분야에서 스마트 기술(정보통신, 사물인터넷, 인공지능) 개발에 매진하고 있다. 조선산업은 경남(거제, 창원)과 울산에 중점적으로 집중되어 있으며 스마트선박 개발 거점을 형성해야 한다. 부산-울산-경남의 R&D 체계를 구성하여 조선사업의 스마트화에 집중하고 조선업 관련 제조업체들과 협의하여 기술전환과 제조업 생태변화를 도모해야 한다. 또한 자동차 산업은 자율주행과 친환경차를 위한 기술개발과 연관산업의 융복합을 구상해야 한다. 현재 현대자동차에서는 수소전기차 개발에 집중하고 있으며, 부울경은 수소워킹그룹을 형성하여 수소충전소와 연관 산업의 기반을 마련하기 위해 노력하고 있다. 울산광역시는 현재 수소시범도시로 수소시범도시와 수소 그린모빌리티 규제자유특구 조성, 수소 융복합 모빌리티 클러스터 구축을 사업을 진행하고 있기에 울산을 중심으로 부울경의 수소충전 및 공급의 체계 및 기술을 넓혀 나가야 한다.

첨단산업은 기술집약도가 높고 기술혁신속도가 빠른 업종으로 현재 부산시의 센텀 2지구에 도시첨단산업단지 조성이 본격적으로 추진되고 있으며, 영상산업과 의과학단지가 유치되고 있다. 영상과 의과학 분야 첨단산업을 부산을 중점으로 R&D네트워크 형성해 나갈 수 있을 것이다.

문화, 자연, 관광, 교육 문화권 연계

2030 부산 월드엑스포, 부울경의 역사·문화·자원, 영상콘텐츠(영화제) 등을 기반으로 문화적 연계 및 상생 네트워크 형성해야 한다. 자연환경권역을 연계하는 해양, 낙동강의 자연자원을 관리하고 이를 활용할 수 있는 체계를 구축하여야 한다. 도시계획 권한을 가진 부울경의 연합 조직을 운영한다면 도시관리를 통해 자연자원을 관리하고 활용 가능한 자연자원은 관광벨트 및 해양문화권으로 연계할 수 있다. 교육

문화권은 부울경의 거점 대학을 중심으로 형성하며, 초-중-고등 교육은 대학 및 여러 문화 네트워크를 연결한다면 보다 다양한 프로그램을 제공할 수 있을 것이다.

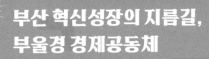

부산 혁신성장의 지름길, 부울경 경제공동체

김영춘
전 해양수산부장관

공간혁신을 통한 경제혁신

참여정부에서 공공기관 이전과 지역 혁신도시, 세종시 건설 등 유례를 찾기 힘든 지역균형 발전 정책이 추진되었지만 수도권의 일극 중심 집중화는 지속적으로 강화되어 왔다. 수도권 일극 체제는 수도권의 권력 독점에 기인하여 부와 가치가 집중되게 만들고, 지방의 권한과 자율을 침해하여 지역의 발전과 지속가능성을 저하시키는 원흉이 되었다. 부울경 지역도 마찬가지이다. 일극 체제에서 비롯된 인구 유출과 조선·해양 등 기존 주력 산업의 쇠퇴에 따라 지방소멸의 내리막길을 걷고 있다.

특히 부울경 지역은 제조업을 중심으로 동종내에서 서로 치열하게 경쟁하는 행태가 지속되어 왔다. 기계 부품, 소재를 기반으로 자동차, 조선, 로봇 등의 산업에서 높은 연계성을 이루고 있으나, 행정단위에서는 오히려 경쟁체제가 구축되었다(강영훈, 2019).

이러한 문제를 해결하기 위해서는 공간계획의 활용을 통한 혁신적인 노력이 필요하며, 중앙정부가 아니라 지방정부의 자율성을 높이는 지역 중심형 성장 전략이 요구된다. 특히 글로벌 시대에 생존하고 성공하는 경쟁력을 확보하기 위해서는 글로벌 경쟁력을 갖춘 광역권 경제 협력망이 절대적으로 필요하다. 그것이 바로 부울경 메가시티 전략이며, 부울경 경제공동체는 그 핵심적 요소이다.

부산의 지식서비스기반의 R&D와 해양물류, 관광 등은 충분한 경쟁력을 가지고 있는 부분이며, 울산과 경남의 제조업 기반 산업도 부산과의 협력을 통하여 미래 신성장산업으로 도약할 수 있다. 하나의 도시가 모든 경쟁력을 다 확보하기에는 한계가 있기에, 최근 광역경제권 형성의 주요 논거가 연계성을 통한 인프라 확충과 자원의 공동활용을 통한 경쟁력 확보라는 측면을 고려한다면 동남권은 미래 신성장산업을 중심으로 하는 협력관계를 형성할 필요가 있다.

이런 측면에서 부울경지역의 노동인구, 경제산업 및 과학기술 역량을 전반적으로 검토하고 이를 어떻게 협력경제 구조로 만들 것인지에 관해 다음과 같이 고민해 보았다.

일할 사람이 빠져 나간다

대졸자 직업이동경로 조사에 따르면 대학진학과 취업으로 비수도권 고교졸업자의 16.7%가 수도권으로 유출되고 수도권 고교졸업자의 5.9%만이 대졸 후 비수도권에 거주하여 매년 수도권으로의 이동자가 10% 많다. 비수도권의 대학생은 전국의 약 60%인 반면, 고급일자리는 약 41%에 불과하여 고급일자리의 부족이 인재유출의 중요한 원인으로 작용하고 있다. 이는 통계청의 자료에서도 확인될 수 있는데 2009년부터 2019년까지 수도권으로의 이동 요인은 직업, 교육, 주택, 가족, 자연환경 순으로 나타났다(권영섭, 2020).

전입사유별 수도권 순이동(2009-2019년)

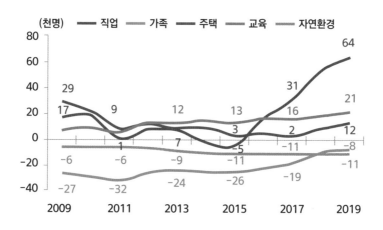

자료: 통계청(2020); 권영섭(2020)에서 재인용

희망에 대하여_부울경 메가시티

이로 인해 부울경 인구는 지역 주력산업 침체와 경제·산업 등의 수도권 집중으로 2015년 805만 명을 정점으로 계속 감소하여, 2018년 797만여 명으로 800만 명 선이 무너진 데 이어 2019년에는 792만 명으로 떨어졌다.

부산지역만 살펴보아도 마찬가지이다. 부산에서 한참 일할 청년층이 역외로 유출되고 있다는 것은 새로운 발견이 아니다. 전국 대비 부산시 경제활동인구 비중은 지속적으로 감소하고 있는데, 2020년 1분기 기준으로 부산시 경제활동인구는 1,723,000명으로 10년간 연평균 겨우 0.31% 증가한 반면, 전년 대비 1.03%나 감소했다.

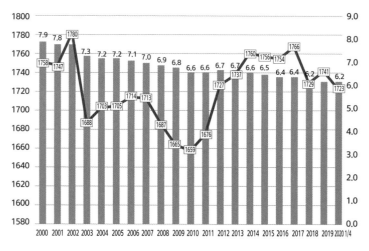

자료: 부산산업과학혁신원(2020, 단위 천명)

이와 같은 현상은 부울경 지역 청년층의 인구유출입에 영향을 받고 있는데, 부울경 연령대별 인구 순유입을 살펴보면 부울경 세 지역 모두 청년층의 인구유출이 심각하게 발생하고 있음을 확인할 수 있다. 지난 2010~17년 중 총 연령대별 인구 대비 순유입자의 비중을 살펴보면, 부산의 경우 전반적으로 모든 연령대에서 순유출이 발생하는 가운데 특히 20세부터 34세까지의 청년세대 인구의 순유출이 발생하였으며 울산의 경우는 20-24세에서 순유출이 발생하였지만 25세 이상 연령에서는 순유입이 나타났다. 경남의 경우 20~24세까지의 청년층에서는 순유출이 발생하지만 그 이상의 연령대에서는 순유입이 발생하고 있음을 명확히 확인할 수 있다(박갑제, 2019).

기본적으로 감소하는 지역청년 인구에 더하여 지속적으로 청년층 유출 현상이 나타나고 있고 이는 지역경제 활력이나 미래 성장동력 산업 창출에 걸림돌로 작용하고 있다. 향후에도 경제가 성장하고, 수출이 증대하더라도 고용이 증가하지 않는 고용 없는 성장이 계속될 것으로 전망되고 있으며, 우수 청년층이나 근로자는 괜찮은 일자리를 찾아 지역을 옮겨 다니고 지역의 특성과 일자리 제공 여부가 청년층을 모여들게 하는 현상이 계속해서 발생할 가능성이 있다(김용현,

주: 순유입자/ 총인구(2010~2018년) 자료: 박갑제(2019, 증감율, %)

2012).

그런데 부울경 지역에서 전국으로 이동하는 인구는 2019년 현재 총 314,006명인데 이 중 41.2%(총 129,251명)은 부울경 지역 내에서 이동하는 인구이다. 따라서 부울경 지역의 경제 순환 체계를 만들어 부울경 지역을 경제공동체로 만든다면 부울경 내부에서 일자리 순환 벨트를 더 강화시킬 수 있을 것이다.

강원권
925명
(2.2%)

수도권
36,070명
(76.3%)

충청권
6,054명
(14.1%)

대경권
1,071명
(2.5%)

호남권
1,124명
(2.6%)

제주권
993명
(2.63%)

울산

경남

권역내
총 이동자 수
약 13만명

부산

자료: 통계청(2019)

희망에 대하여_부울경 메가시티

부울경 산업은 서로 연계

부울경의 경제와 산업은 조선, 자동차 산업 등 제조업을 중심으로 동적인 연계 구조가 이미 존재하고 있다. 2017년 부울경 공동연구의 결과를 바탕으로 기업의 지역별 거래금액 비중을 살펴보면 기업의 연계성은 더욱 높게 나타난다. 부산지역 기업의 지역별 거래금액 비중을 살펴보면, 판매부문에서는 부산 41.6%, 울산 8.2%, 경남 24.4%로 나타나며, 울산의 경우 부산 8.2%, 울산 55.4%, 경남 9.0%이며, 경남의 경우 부산 24.4%, 울산 7.4%, 경남 55.2%로 상호 긴밀한 관계임을 알 수 있으며, 구매 부문에서도 부산지역 기업의 지역별 거래 금액 비중을 살펴보면, 부산 65.3%, 울산 3.7%, 경남 11.6%의 높은 연계성을 확인할 수 있다(강영훈, 2019).

부울경 기업간 구매 및 판매의존성

구분		응답업체	부산	울산	경남	수도권	기타시도	해외	계
부산	판매	269	41.6	8.2	24.4	8.3	11.8	5.6	100.0
	구매	268	65.3	3.7	11.6	10.1	5.5	3.8	100.0
울산	판매	88	8.0	55.4	7.4	9.4	9.8	10.0	100.0
	구매	85	16.2	43.0	9.1	10.4	9.0	12.2	100.0
경남	판매	192	11.9	9.0	55.2	7.4	8.7	7.8	100.0
	구매	180	23.5	23.5	54.4	8.1	6.8	3.7	100.0

자료: 통계청(2019, %)

또한 부울경 지역의 고용구조를 조사한 결과에서도 부울경 지역의 높은 고용의존성을 확인할 수 있다. 부산의 주변지역 직업점유율(JOR)을 살펴보면, 양산, 김해지역이 높게 나타나며, 창원, 울주군의 경우도 높게 나타나고 있다. 주변지역의 부산직업의존도(JDR)를 살펴보면 양산과 김해가 높게 나타나며, 그다음으로 창원지역이다. 울산의 주변지역 직업점유율을 살펴보면, 경주지역이 높게 나타나고 있는 반면, 주변지역의 울산직업 의존도는 양산, 기장, 해운대지역이 높게 나타나며, 경주지역도 높은 직업점유율을 나타내고 있다.

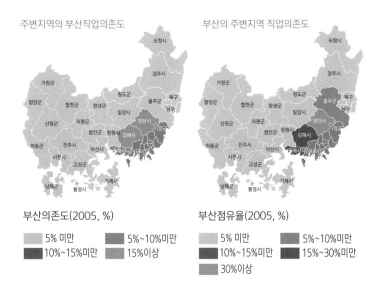

주변지역의 부산직업의존도

부산의 주변지역 직업의존도

부산의존도(2005, %)

　5% 미만　　5%~10%미만
　10%~15%미만　　15%이상

부산점유율(2005, %)

　5% 미만　　5%~10%미만
　10%~15%미만　　15%~30%미만
　30%이상

주변지역의 울산직업의존도

울산의 주변지역 직업의존도

울산의존도(2005, %)

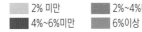

	2% 미만		2%~4%미만
	4%~6%미만		6%이상

울산점유율(2005, %)

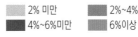

	2% 미만		2%~4%미만
	4%~6%미만		6%이상

주변지역의 창원직업의존도

창원의 주변지역 직업의존도

통근통행량(2005)

	0~0.01		0.01~0.03
	0.03~0.05		0.05~0.07
	0.07~0.1		

통근통행량(2005)

	0~0.01		0.01~0.03
	0.03~0.05		0.05~0.07
	0.07~0.268		

창원지역도 역시 비슷한 모습을 보이고 있어, 부산·울산·경남 지역은 산업적으로 연계되어 있을 뿐만 아니라 고용구조에서도 높은 상호의존성을 보이고 있는 것으로 나타났다(강영훈, 2019).

앞서 살펴본 바와 같이 부울경 지역은 행정구역 상으로 구분됨에도 불구하고 인구이동과 산업적 측면에서는 높은 연계성을 보이고 있다. 행정구역 상으로 동남권으로 구분되고 광역자치단체의 폐쇄적 행정구역의 한계가 존재하고 있음에도 불구하고, 인구의 이동, 산업적 연계, 고용구조의 상호의존성 등을 살펴보면 이미 상당한 연계가 이루어지고 있음을 확인할 수 있었다.

부울경 산업경제의 쇠퇴

부울경 지역은 산업 연관성이 매우 높기 때문에 한 지역이 침체하면 다른 지역도 동반 침체할 가능성이 매우 높다. 실제로 최근 부울경 지역의 지역경제 성장률은 연평균 성장률에서 공통적으로 전국 평균을 밑돌고 있다. 2017년 현재 전국적인 평균 경제성장률이 3.1%임을 감안하면 서울의 GRDP 성장률은 2.3%, 인천 6.6%, 경기는 4.3%로 전국 평균 수준을 상회하고 있는데 비해 부산은 1.99%, 울산은 -0.7%이고 경남도 -0.7%로 전국 평균을 크게 하회하고 있다. 2011년부터 2017년간의 연평균 성장률의 경우도 수도권에 비해 부울경 지역의 경제성장률은 크게 하락하고 있음을 알 수 있다. 전국 평균이 2.99%인 가운데, 서울은 2.24%, 인천은 5.11% 그리고 경기도는 3.1%로서 인천과 경기는 전국 평균을 크게 상회하고 있는 반면에 부산이 2.35%, 울산이 1.41%, 그리고 경남이 1.17%로 전국 평균을 하회하고 있음을 알 수 있다(박갑제, 2019).

동남권 지역의 경제성장률

년도	전국	서울	인천	경기	부산	울산	경남
2001	4.9	3.6	8.8	6.9	6.7	2.9	7.8
2006	4.9	3.7	8.6	4.3	3.1	1.1	4.9
2011	3.6	3.2	4.3	1.8	2.02	7.9	3.0
2012	2.3	1.4	4.5	3.7	2.96	0.6	2.6
2013	3.1	1.6	5.7	2.7	1.80	0.5	0.5
2014	3.1	1.5	4.5	4.8	3.28	0.1	0.4
2015	2.8	2.9	5.5	1.8	2.91	0.6	1.7
2016	2.9	2.8	4.7	2.6	1.47	0.9	0.7
2017	3.1	2.3	6.6	4.3	1.99	-0.7	-0.7
2011~2017년 연평균성장률	2.99	2.24	5.11	3.10	2.35	1.41	1.17

자료: 박갑제(2019, %)

수도권 지역에 대비한 부울경 지역의 경제 침체 현상은 생산가능인구의 추이에서도 반영되고 있다. 2001년에 우리나라 전체 생산가능인구에서 수도권이 차지하는 비중은 47.59%였고 2018년에는 51%로 상승한 반면, 부울경 지역의 생산가능인구 비중은 2001년 16.62%를 차지했었지만 2018년에 15.2%로 하락하였다. 이러한 생산가능인구 비중 추이는 앞에서 살펴본 수도권 각 지역의 GDP 비중의 추이와 거의 비슷하게 진행되고 있음을 알 수 있다(박갑제, 2019).

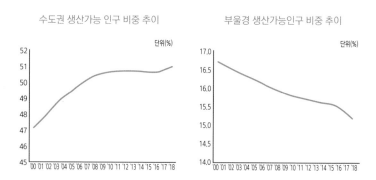

부산의 경우 부가가치와 고용이 모두 증가한 산업이 내수형 산업인 건설업, 부동산업 등이며 신성장산업은 부재한 상황이다. 한편, 부산, 울산과 경남은 조선과 자동차를 중심으로 한 제조업 중심의 동적 관계가 있으나 조선산업은 고용

없는 성장, 자동차산업은 성장 없는 고용의 침체된 특성을 유지하고 있다. 따라서 부울경 지역의 조선과 자동차산업이 패러다임 변화에 뒤처진다면, 동남권 제조업의 동반 침체 가능성이 매우 높다. 따라서 조선산업이나 자동차 산업 정책을 수립할 때 부울경 지역의 연계 방안이 필요하며, 조선과 자동차를 고부가가치 산업으로 혁신할 필요가 있다.

미흡한 부울경 과학기술 역량

과학기술역량은 현재 산업을 혁신하고 미래 산업을 견인하는 핵심 요소이다. 과학기술 역량은 R&D 비중에 비례한다. 그런데 부울경 지역의 과학기술 혁신역량이나 R&D 여건은 전반적으로 전국 평균에 미치지 못하는 수준이다. 총 연구개발투자액은 전국 평균의 절반에도 미치지 못하며, 국내 R&D투자 상위 1,000개 기업 수도 전국 평균을 훨씬 밑돈다. R&D 대비 연구개발 투자액 비중도 전국 평균에 미치지 못하며, 인구 만 명당 연구원 수도 평균 미만이다(부산산업과학혁신원, 2020).

수도권과 비교하면 이 격차는 더욱 커진다. 수도권의 총
R&D 예산은 부울경의 10.8배, 국가 R&D 예산은 부울경의
2.4배 수준이다.

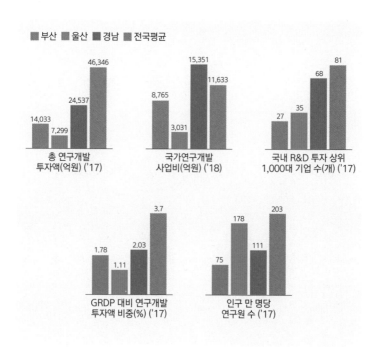

자료: 부산산업과학혁신원(2020)

희망에 대하여_부울경 메가시티

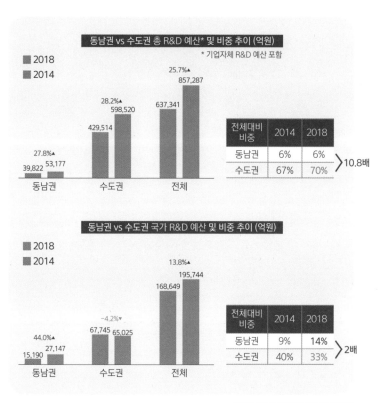

동남권 vs 수도권 총 R&D 예산* 및 비중 추이 (억원)
* 기업자체 R&D 예산 포함

■ 2018
■ 2014

27.8%▲
39,822 53,177
동남권

28.2%▲
429,514 598,520
수도권

25.7%▲
637,341 857,287
전체

전체대비 비중	2014	2018
동남권	6%	6%
수도권	67%	70%

〉10.8배

동남권 vs 수도권 국가 R&D 예산 및 비중 추이 (억원)

■ 2018
■ 2014

44.0%▲
15,190 27,147
동남권

-4.2%▼
67,745 65,025
수도권

13.8%▲
168,649 195,744
전체

전체대비 비중	2014	2018
동남권	9%	14%
수도권	40%	33%

〉2배

자료: 부산산업과학혁신원(2020)

외국에서 배우는 광역경제공동체

　　외국에서도 도시 단위의 경쟁력이 한계를 보이면서 광
역경제권이 지속적으로 성장하고 있다. 중국은 개혁·개방정

동북아지역의 경제권 형성

자료: 부산산업과학혁신원(2020)

주요국의 광역경제권

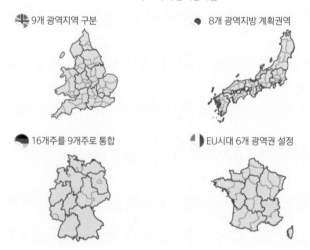

희망에 대하여_부울경 메가시티

책을 통하여 경제개발을 도모함으로써 과거 파편적 경제발전이 이루어지던 각 경제권역이 동북3성경제권, 북경경제권, 산동경제권, 상하이경제권, 선전경제권으로 이어지고, 대만과 홍콩경제권과 연계되면서 그 규모가 확대되고 있으며, 일본 또한 동경권, 오사카권, 규슈권이 연계되면서 도시단위의 경쟁력은 한계를 노출하고 있다.

유럽지역에서도 슈퍼지역이론, 오마에 겐이치의 지역국가론, 미야자와 겐이치의 연결성의 경제이론 등으로 광역경제권 형성을 위한 이론적 주장들이 설득력 있게 논의되면서 광역경제권으로 재편되고 있다. 이러한 논의를 기초로 세계 각국에서는 광역권을 설정하고 도시단위의 경쟁력을 넘어 경제권역을 중심으로 하는 새로운 광역권 형성을 위한 논의가 이루어지고 있다(강영훈, 2019).

지역별 특화산업의 고부가가치화와
연계를 통한 혁신 성장

부울경은 자동차, 조선, 기계 등 제조업을 중심으로 한 산업생태계가 이미 형성되어 있다. 이러한 산업생태계와 지역별 특성을 잘 활용한다면 경제공동체 형성의 실현성은 매우 높다. 부산은 서비스업 위주의 산업구조를 가지고 있지만 제조업도 상당히 발달해 있는 상황으로, 주로 중소기업을 중심으로 주변지역의 대기업에 납품하는 구조를 가지고 있다. 울산은 제조업의 부가가치 비중이 65.3%로 제조업 위주의 산업구조를 지니고 있으며, 지역 내 조달 및 배분 비율이 높고, 해외로부터의 수입과 수출 비중도 매우 높은 편이다. 경남의 제조업 비중은 46.7%로 울산보다는 낮지만 전국 평균보다는 높은 편으로 다양한 제조업이 분포하고 있으며, 지역 내 조달 및 배분 비율이 매우 높다. 부울경 지역의 경우 생산유발효과는 제조업이 전반적으로 높게 나타났으며, 취업유발효과는 서비스업이 높게 나타난다(정성문·민서현, 2019). 따라서 제조업이나 서비스업 등을 불문하고 지역의 특화된 산업 위주로 경쟁력을 강화하고 산업정책을 연계할 경우 동반성장이 될 가능성이 높다.

특히 자동차, 조선, 기계 산업을 중심으로 4차 산업혁명과 지속가능한 발전이라는 새로운 패러다임에 부응하여 미래 시장 경쟁력을 강화할 필요가 있다. 그렇지 못할 경우 부울경 제조업의 동반 침체 가능성이 더 커질 위험이 있다.

따라서 부울경은 지역별 강점을 살려 부산은 스마트해

양, 지능형기계, 미래수송기기(자동차포함), 글로벌 관광, 지능
정보서비스, 라이프케어 등으로 특화하고, 울산은 자동차산
업(차세대자동차 포함), 수소산업, 정밀화학산업, 조선해양산업,
환경산업 등의 전문성을 갖추고, 경남은 지식기반 기계산업,
로봇산업, 지능형 홈 산업, 바이오산업 등으로 집중적인 지
원을 강화한다면 부울경의 지역순환형 경제생태계의 기초가
구축될 것이다.

자료: 부산산업과학혁신원(2020)

경제산업 과학기술역량의 협업과 동반성장

　부울경 지역은 지금은 조선, 자동차 등의 중복적인 산업 발전을 위해 서로 경쟁하는 체제이지만 특화된 산업을 중심으로 산업정책을 서로 공유하고 각 지역이 가지고 있는 혁신기관들이나 대학 자원들의 협력 체계를 구축한다면 규모의 경제를 통한 상생의 경제가 형성될 것이다. 또한 기존의 중앙 정부 관점에서 추진되어온 지역 정책의 패러다임을 지역주도형으로 전환하기 위해서는 지역 내부 전문기관들의 차별성 있는 정책 제안이 필요하다.

　홍자연·정윤정(2019)에 따르면 부울경 지역별 논문 특화 분야는 부산은 바이오·의학 분야에서, 울산은 화학과 공학, 자동제어 장치 분야에서 경남은 농학, 식품과학기술분야 등으로 나타나고 있다. 부울경 지역 내에서 협력연구 비중이 높은 분야는 약리학과 약학이, 낮은 분야는 컴퓨터과학이며 경남 지역에서 대체적으로 협력연구 비중이 높은 편으로 나타났다.

　그런데 협력연구의 네트워크 분석 결과, 동남권 내에서의 협력관계 네트워크에서는 서울 지역에 위치한 대학, 해외기관, 부산대학교 순으로 네트워크가 형성되어 있어, 동남권

외의 기관들과 지식 교류 활동이 더 높은 것으로 나타났다. 현재 지역 관련 연구가 분절적으로 이루어지고 있는 상황을 개선하여 각 지역별 주요 정책연구기관 간 협력관계를 반드시 구축하여야 한다. 부산의 경우, BISTEP을 비롯한 부산연구원, 테크노파크, 부산경제진흥원, 부산정보산업진흥원, 창조경제혁신센터 등 다양한 지역정책 연구기관이 존재한다. 울산과 경남에도 비슷한 시책연구기관들이 있다. 뿐만 아니라 중앙연구기관들의 지역센터들도 다수 존재한다.

울산의 주요 혁신기관

울산경제진흥원, 울산연구원
울산신용보증재단, 울산테크노파크
울산정보산업진흥원, 울산문화재단

+

한국화학연구원바이오화학실용화센터
그린정밀한국화학연구원연구센터
한국생산기술연구원울산지역본부
한국천문연구원KVN울산

경남의 주요 혁신기관

경남신용보증재단, 경남연구원
경남테크노파크, 창원시정연구원
(재)창원산업진흥원
(재)진주바이오산업진흥원

+

재료연구원본부
한국기계연구원 LNG극저온기계기술시험인증센터
안정성평가연구소경남환경독성본부
한국전기연구원창원본원

부산의 주요 혁신기관

부산경제진흥원, 부산디자인센터
부산연구원, 부산신용보증재단
부산정보산업진흥원, 부산테크노파크
부산산업과학혁신원

+

한국기초과학지원연구원부산센터
한국과학기술정보연구원부산울산경남지원
한국생산기술연구원동남지역본부
한국기계연구원부산기계기술연구센터

자료: 부산산업과학혁신원(2020)

이들 기관들이 보유하고 있는 데이터를 통합하고 이를 바탕으로 부울경 지역의 혁신생태계를 살펴볼 수 있는 통합 관리 플랫폼을 구축해야 한다. 통합 관리 플랫폼은 모든 연구기관들의 연구계획단계에서부터 연구의 활용도까지 서로 정보를 공유할 수 있도록 설계되어야 할 것이다. 정보 공유와 협업의 단계를 거쳐 부울경의 경제산업 및 과학기술 역량을 통합한 (가칭)동남권 산업과학원을 만들고 이를 통해 경제 공동체의 체계적인 구상과 기획을 담당하게 할 수 있을 것이다. 동남권 산업과학원은 과학기술 기획, 유치, 평가, 관리를 총괄하는 지원기관의 역할을 수행하면서 4차 산업혁명을 주도하고 고부가가치 산업을 육성하는 핵심 기관의 역할을 수행해야 한다.

유럽 연합의 경우 석탄과 철강을 공동으로 관리하기 위한 1952년에 설립한 유럽석탄철강공동체(European Coal and Steel Communuty, ECSC)에서 시작되었다는 것을 상기하면 경제적 공동체가 정치적 공동체의 선행조건임을 알 수 있다. 이와 같은 경제공동체 전략을 통해 강력한 제조업 기반으로 제조강국의 위상을 회복하고, 다양한 산업 포트폴리오로 미래산업을 창출함으로써, 인구 800만 명의 완결형 지방정부를 구축하고, 이극체제 구축을 통해 국가 균형발전을 견인해 나가야 할 것이다.

가덕도 신공항과
광역교통망으로 꿈꾸는
글로벌 부울경

정헌영
부산대 도시공학과

가덕신공항의 역할

최근 김해 신공항 계획이 백지화되고 가덕신공항 계획이 현실화되면서 여야 국회의원들의 특별 법안이 발의되는 등 가덕신공항의 실현을 위한 움직임이 빨라지고 있다. 종래 국토부가 제안한 김해신공항은 우리나라 제1의 허브공항인 인천공항에 긴급 사태가 발생해 운영이 불가능한 경우, 여객과 국제물류 처리의 역할수행에 대한 처리대책이 전혀 없었으며 실제로 수행이 불가하다. 향후 건설될 가덕신공항은 인천공항에 긴급 사태 발생 시, 대체 역할을 수행할 수 있는 기능을 충분히 갖추어야 한다.

가덕신공항은 미주와 유럽노선의 장거리 항공기 이착륙이 자유로워야 할 뿐만 아니라 여객용 항공기보다 이륙중량이 더 높은 화물항공기의 이착륙에도 문제가 없어야 한다. 화물항공기의 자유로운 이착륙이 가능하면 부산을 중심으로 한 동남권은 수 시간에서 수십 시간 내에 세계 어디라도 화물운송이 가능하기에 물류수송 시간과 비용을 획기적으로 절약할 수 있다. 가덕신공항의 24시간 운영은 동남권 지역의 수출입 산업 활성화와 경쟁력 강화에 기여해 국가발전에 크게 이바지할 것이다. 24시간 운영 공항은 24시간 이내에 유럽과 미주지역에 대량의 화물 운송이 가능하며 특히, 긴급을 요하는 중요 제품의 수송과 가볍고 고가인 첨단 제품의 수출 화물 수송 역할이 가능해진다.

더불어 가덕신공항 인근 지역에는 항공기를 활용하여 수출하는 제품들의 생산 공장과 단지가 형성되어 부·울·경 지역 산업들의 변화를 일으키게 할 것이다. 아울러 24시간 운영 공항에 의해 해외의 정보와 문화·예술·패션 등이 신속히 전달됨으로써 사회, 문화 전반을 변화시킬 것이다.

가덕신공항과 공항 복합도시 건설

사람과 화물의 신속한 이동은 우리 모두가 바라는 것으로 가덕도에 동남권 관문공항을 확보하는 것은 남부권 지역 여객과 화물의 해외 이동을 한층 더 신속하게 할 뿐만 아니라 공항 주변 지역을 변모시킬 것이다. 특히, 관문공항 인근 지역은 신속하게 해외로 상품을 수출·입하는 물류와 관련된 산업에 있어서 더없이 좋은 산업부지가 될 것이다. 또한, 공항 인근 지역은 항공기를 이용한 수출 상품에 있어서 경박단소(輕薄短小)하면서 신속성을 필요로 하는 상품의 생산지로서 가치가 증대될 것으로 기대된다.

가덕도 신공항의 건설로 공항 인근 지역은 토지이용이 변화되어 수출상품의 생산 공장 등으로 토지 가치가 향상되고 변화된 토지가 새로운 수출입 항공화물의 수요를 발생시키는 구조가 형성될 것이다. 특히, 수출입 화물 증가에 따라 대량의 물류시설 정비와 운영으로 공항 인근 지역은 국제무역의 전초기지의 역할을 수행할 것이다. 또한 토지 이용의 새로운 수요가 지역의 활성화를 견인할 것이고 공항 인근 지역에는 대량의 물류시설이나 수출상품 생산을 위한 공장 운영을 위해 투자가 이루어질 수 있다. 관문공항 주변 지역을 기반으로 하여 가볍고 고가인 집적회로나 반도체 등 고가의 전자장비 수출입 첨단산업 제품과 재료의 생산을 위한 공장 용지가 형성될 것이다. 생산된 제품 또한 항공기를 활용하여 즉시 해외수송이 가능하기 때문에 경쟁력이 향상될 것이다.

신공항 건설로 인한 새로운 산업입지 확대는 대량의 노동력이 요구되어 근로자가 증가할 것이고 대규모 고용 창출 효과가 발생할 것으로 예상된다. 대규모 고용은 지역 주민들의 소득 창출로 이어지고 근로자의 일정 수는 공항 주변에 거주해야 하기 때문에 공항 주변에 주거 수요 역시 증가할 것이다. 또한, 상업업무 시설 수요 증가로 정주인구가 현재

보다 증가하게 되어 자연스럽게 공항복합도시가 형성될 것이다.

가덕신공항과 광역 교통망의 완성

가덕신공항 건설은 수도권을 기준으로 우리나라 남북방향의 교통축 중심에서 상대적으로 약한 국토 남부권의 동서방향 교통축 강화를 위한 계기가 될 것이다. 현재 국토 남부의 영남과 호남지역의 교통축에는 교통량이 점점 증가하고 있으나 타지역에 비해서 교통 인프라가 열악하여 시간과 비용 손실이 막대하고 불편이 가중되어 수도권 주민들에 대해 상대적인 박탈감이 증가하고 있다. 가덕신공항 건설은 국토 남부권 여객과 화물의 해외 이동 신속성의 강화 및 수도권과 지방 간 격차를 타개하고 해소할 방안이 되고, 신공항과 연계한 KTX 남해선의 확충은 동서지역 간의 연결성 강화와 교류 확대를 위한 최적 대안이 될 수 있다.

MTX(고속셔틀), 남해안 고속화 철도 등 고속철도망 계획

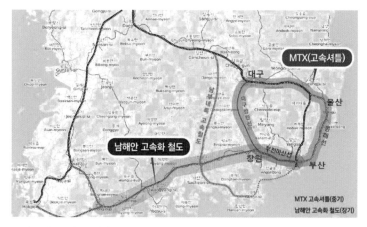

자료: 오륙도연구소 지역경제 살리기 심포지엄 Ⅲ 발표자료, 인제대학교 박재현 교수(2020.01.)

　　동남권 관문공항 건설과 KTX 남해선의 확충은 남부권
지역 주민들의 수도권 주민들에 대한 상대적인 박탈감을 감
소시킬 수 있는 기회이다. 부울경 인접지역의 접근성을 높이
기 위해서는 부울경 인접지역을 최단거리로 연결하는 새로
운 광역철도 노선의 확보가 전제되어야 한다. 인접지역 간
접근성 향상을 위한 광역 SOC 정비는 부울경 지역 메가시티
수립의 기초시설이 될 것이다. 가덕신공항의 확보는 KTX 남
해선 확충 등 동서 간 교통망 확충의 계기이며 또한, 부·울·
경 지역의 접근성 향상을 위한 광역 교통망 구축의 기회가
될 수 있다. 부·울·경 지역의 국제교통망과 국내 교통망의

강화를 계기로 국토 남부권 지역에는 새로운 산업이 유발될 것이고 산업들이 더욱 활성화되는 기회가 되어 국토 균형 발전에 크게 이바지할 수 있다.

남해안권 발전종합계획 공간 구상도

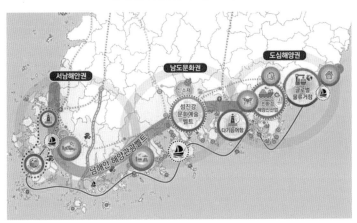

자료: '향후 10년 새로운 청사진 담은 남해안권 발전 종합계획 확정' 보도자료, 국토교통부(2020.6.)

가덕신공항은 빈부의 격차, 수도권과 지방 간 격차 등으로 갈등을 겪고 있는 작금의 현실에서 갈등을 해소하는 방안이 될 수 있다. 공항에 접근하기 위한 육상교통의 인프라 확충은 열악한 남부권 지역의 교통시설 확보의 계기가 되며 관문공항 개항으로 유럽과 미주 대륙의 새로운 접근성 창출과 향상은 양 대륙에 수출길을 확대할 수 있다. 관문공항 유치는 남부권 지역에 항공기를 활용하여 수출할 수 있는 경박단소 제품을 생산하는 첨단 산업 유치의 계기가 되고, 결국 교통시설의 공급이 새로운 산업 수요를 창출하는 결과를 가져올 것이다. 첨단 산업의 유치는 전자, 정보, 통신, 컴퓨터 관련 분야를 전공한 부울경 지방대학 출신 학생들에게 새로운 일자리를 얻을 기회를 창출하여 지방대학 및 연구 기관들을 활성화할 수 있다. 동남권 지역의 첨단산업 육성을 통한 새로운 일자리 창출은 젊은 청년층의 지역 거주를 증가시키고 수도권으로의 인구 유출을 감소시킬 것이다. 이러한 현상은 장기적인 관점에서 보면 수도권의 집값 상승을 완화시키는 요인이 되고 우리나라 주거문제 완화에도 도움이 될 것이며, 부울경 지역에는 청년들에게 안정된 일자리를 공급하여 국토가 균형적으로 발전할 수 있는 계기가 될 것이다.

가덕신공항으로 항공부품·정비산업 육성

국내에서는 인천국제공항조차 설계 시 항공정비 부분과 MRO 산업이 고려되지 않아 정비 격납고 증설, 업체 유지 등을 위한 주변 여건 조성이 제한적이다. 코로나19 여파로 운휴 중인 여객기조차 정비가 진행 중인 데다, 방역물품, 해외 직구 등 항공화물 운송이 늘어나 항공기 수리에 대한 수요가 증가하고 있는 상황에서 이를 국내에서 해결하지 못하면 해외에 의존할 수밖에 없는데, 이는 정비의 품질 저하 등 여러 가지 안전 문제를 불러올 수 있다. 한편, 우리나라의 항공 MRO 수요 규모는 작지 않은 편인데(2017년 기준, 2조 4,000억 원대) 대한항공을 제외한 우리나라의 항공사들은 외주 수리 비중이 상당히 높으며(아시아나 65%, 기타 LCC 90%), 외주 수리는 거의 100% 해외에서 이루어지고 있다. 이러한 상황은 가덕신공항 건설과 항공부품·정비산업 육성의 필요성을 부각시킨다.

부산지역 MRO 산업의 가능성

부산은 핵심 기계부품 산업과 주변 동남권과의 연계성 등 산업적 · 지역적 강점을 바탕으로 '선진국형 항공부품산업 허브'로의 도약 잠재성이 매우 풍부하다. 특히, 가덕신공항에 MRO 산업단지를 조성할 경우, 공항 설계단계부터 대규모 MRO 산업단지의 원활한 구성이 가능하도록 계획할 수 있다. 대한항공 항공우주사업본부 테크센터, KAI, 한화테크윈, 한국항공우주연구원, 롤스로이스 대학기술센터 등 항공 관련 R&D 역량과 연계하여 세계 수준의 산업체 주도형 항공 MRO 산업단지 구축을 통해 관련 산업의 혁신과 일자리 창출을 도모할 수 있다. 조선 및 자동차부품 등 부산지역 주력 업종이 주춤하고 있는 상황에서 가덕신공항 건설을 통해 주력산업이 차세대 고부가가치 산업에 진입하기 위해 항공부품 · 항공정비(MRO)산업은 지금 시점에서 가장 필요한 산업이다.

수도권은 실제로 인천국제공항 운영과 활성화로 인해 반도체 등 첨단산업이 수도권에 집중 유치되면서 지방과 수도권과의 경제적 격차는 점차 커지고 있다. 미국의 포틀랜드시와 피닉스시는 새로운 국제공항의 유치로 공항 인근 1시간 이내 지역에 수많은 전자·통신·정보회사가 유치되었고 고용과 경제가 활성화되어 성공하였다. 이렇듯 가덕공항 건설은 새로운 산업과 고용 인력을 창출할 것이다.

급변하는 세계 물류환경에 따른 트라이포트 체계 구축

물류서비스 산업 간 영역의 파괴, 디지털 신기술과의 융합을 통해 물류기능이 복합화, 지능화, 다양화로 전환되면서 전 세계적으로 전자상거래가 활성화되고 있다. 코로나19 여파에도 올해 4월까지 국내 항공운송 수출은 작년과 비교해 오히려 늘어난 것으로 나타났으며(한국무역협회 국제무역통상연구원, 2020) 사태가 장기화되면서 소비채널의 변화(온라인 플랫폼을 활용한 구매 증가 등)가 가속화되어 글로벌 전자상거래 시장은 급격하게 성장하고 있다. 전자상거래의 확대에 따라 물류의 증가가 잇따르고 있다. 이러한 세계 물류환경의 변화에 따라 부산시는 해운, 항공, 내륙운송이 결합된 트라이포트 복합 물류시스템 구축을 통해 세계적인 경쟁력을 갖춰야 한다.

공항인프라 구축을 통한 신성장 첨단산업 유치 및 육성

부산경제는 전기차와 반도체와 같은 미래 신성장산업 분야마저 수도권뿐만 아니라 동남권 다른 도시에 비해서도 크게 뒤떨어지고 있다. 관문공항과 연계하여 항공기 활용 화물수출이 용이한 전자, 정보, 반도체, 통신, 에너지 로봇 관련 산업의 유치가 필요하다.

전국과 비교해 부산은 고부가 신성장품목군 수출 비중이 낮아 신성장산업 중에서도 상대적으로 부가가치가 높은 기업의 유치가 절실하다. 전기·수소차, 항공·드론 산업과 같은 새로운 패러다임 변화에 대응해 관련 산업의 육성과 주력 산업의 고도화가 시급한 상황이다.

또한, 부·울·경 지역은 헬스케어산업의 배경이 되는 자연 조건과 지역인구, 산업부지, 의과대학, 연구소 등의 여건이 갖추어져 있고 해외 여러 도시와 연결되어 있다. 부산 강서 지역을 중심으로 헬스케어 산업을 위한 인재양성과 헬스케어 중점 대학과 연구소 육성, 관련 기업 등을 유치하고, 첨단 정보산업과 연계되면 디지털 헬스케어 분야산업의 중심지가 될 수 있을 것이다.

비즈니스 및 관광의 활성화

가덕신공항의 확보는 유럽과 미주노선의 장거리 여객기와 항공 화물기의 자유로운 이착륙을 가능하게 해 국제교류와 컨벤션 및 관광리조트 기능, 학술연구, 문화예술 기능을 부·울·경 지역에서 더욱 활성화시키는 계기가 될 것이다. MICE는 도시혁신과 지역경제 발전의 촉매제로 활용될 수 있고, 일반 관광에 비해 수익성이 높아 개최 지역을 중심으로 큰 경제효과를 창출하며 비즈니스와 일자리 기회를 제공하여 부산의 국제 경쟁력을 강화시킬 것이다. MICE 산업을 통해 부산 경제 발전에 큰 효과를 창출하고 새로운 일자리를 제공하는 등 적극적인 대처가 필요하다. 또한 기존 벡스코(전시장, 회의장) 이용 증대에 따른 혼잡을 고려해 제 2, 3의 벡스코 시설을 확보해야 한다. 구체적인 장소는 향후 확보될 공항복합도시의 부지를 활용하는 방안과 에코델타시티와 연계한 확보 방안 등을 강구해 볼 필요가 있다.

가덕신공항으로 이렇게 바꿔보자

서부산지구 1백만 평(330만㎡) 규모의
「항공부품·항공정(MRO)산업단지」조성

부산의 경우 가덕신공항 건설 시 기본 설계단계에서 항공부품 · 항공정비산업 육성 계획 반영이 가능하여 기존 국내공항 대비 전문화된 대규모 항공부품·MRO 산업단지 조성에 상당히 유리하다. 또한, 핵심 기계 부품 산업, 주변 경남과의 연계성 등 산업적/지역적 강점으로 인해 국내 항공부품·MRO 산업 및 R&D 허브로서의 역할이 기대된다.

이동성 강화 및 국토 균형 발전을 위한
글로벌 교통망과 광역 교통망의 확충

가덕신공항 건설은 수도권과 지방, 동서지역 간의 격차 해소를 타개할 방안이 되고 KTX 남해선의 확충은 동서지역 간의 연결성 강화와 교류를 확대하기 위한 최적의 대안이다. 또한, 부·울·경 지역의 도로 및 철도의 광역 교통망 확충의 기회가 되어 동남권 메가시티 수립과 발전의 기초시설이 될 것이다.

가덕 신공항 접근 교통망 구상

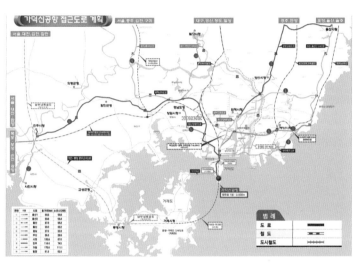

자료: BDi

　　가덕도 신공항 터미널에 거제지역과 부산지역 간 철도
노선을 통과하게 하여 부산~울산 지역과의 연계성과 거제도
를 포함한 서부 경남지역과 광주 전남지역과의 연계성을 강
화하여야 한다. 가덕도 공항의 활주로 방향과 터미널의 위
치 그리고 철도노선의 도입은 매우 중요한 사항으로 향후 가
덕도 신공항의 성공 여부를 좌우할 정도로 중요한 시설이다.
때문에 부울경 지역 간의 광역교통망 노선의 세부적인 사항은 지자체 간의 지속적인 협의가 필요하다. 또한 해상 화물의 신속한 항공기 환적을 위해 공항 부지 매립 과정에 접안 시설의 정비도 함께 고려해야 한다.

트라이포트 물류체계 구축과 글로벌 물류기업 유치 및 배후 물류단지 조성

글로벌 전자상거래 업체들은 다양한 물류서비스를 제공하기 위해 주요 해외 거점별 국제물류센터(GDC: Global Distribution Center)를 설립해 운영하고 있다. 아마존이나 알리바바 같은 전자상거래 업체의 글로벌 물류센터(GDC)를 유치하기 위해서는 항만과 연계한 도로, 철도 및 항공운송이 결합할 수 있는 트라이포트 구축이 필수적이다. 또한 가덕신공항 건설 시 수요전환 및 환적화물을 유치하기 위해 물류센터(GDC)를 건립하여 DHL, 페덱스 등 특송 업체의 유치·운영이 필요하다. 더불어 철도 및 도로를 이용한 항공 화물의 신속한 환적 장치 시스템의 확보와 해상을 활용한 화물의 항공기 환적을 위한 접안 시설이 강구되어야 할 것이다.

지역 주력산업의 고부가가치화 및 신성장 산업 추진

　대형 화물기가 이착륙할 수 있는 가덕신공항을 중심으로 포스트 코로나 시대 디지털 혁신과 비대면 산업 패러다임 전환에 대응하여 신성장 산업 관련 기업을 유치해야 한다. 미래 고부가가치 부품·소재산업의 핵심 트렌드는 친환경 경량화 부품이며, 국내 부품·소재산업이 글로벌 경쟁력을 확보·유지하기 위해 연구개발에 집중해야 한다. 향후 4차 산업혁명의 진전과 가상현실 등 새로운 사회로의 패러다임 변화에 대응해 첨단·정보, 전기·수소차, 항공·드론 및 관련 산업의 육성과 고도화를 시급히 도모해야 한다.

동백전,
이제 부울경 지역화폐로

송지현
인제대 국제경상학부

사람이 나면 서울로 보내고 말이 나면 제주로 보내라

우리가 흔히 접하는 속담 중 하나로 '사람이 나면 서울로 보내고 말이 나면 제주로 보내라'는 말이 있다. '성공을 위해선 그에 맞는 환경에서 생활해야 한다.'는 뜻으로 꽤 오랜 시간 우리의 생각과 삶에 직·간접적으로 영향을 주고 있는 말이 아닐까 생각된다.

그런데 왜 서울로 가야만 성공할 수 있을까? 지방에서는 불가능한 일일까?

1392년 조선의 건국은 그간 지방토호에 의해 국정이 순탄치 않았던 고려와 달리 강력한 중앙집권적 왕권체계를 갖춤으로써 지방에 대한 통치방법을 달리했다. 또한 조선의 통치사상인 유교는 '입신양명(立身揚名)'의 효(孝)사상에 근간을 두는 과거제도를 통해 중앙의 지배체제를 강화했다. 특히 중앙과 지방의 구분 없는 과거제도는 자격만 되면 누구나 관직에 출사하여 이름을 떨칠 수 있었고 자손대대 부를 축적할 수 있는 기초가 되었다. 그러나 17세기 이후 세도정치에 의해 중앙 진출이 막히고 자본을 축적한 부농에 의해 지역 내 입지도가 약해진 지방 양반은 몰락 양반인 잔반의 급속한 증가와 함께 결국 지방을 버리고 한양(서울)에 자리를 잡는 이른

희망에 대하여_부울경 메가시티

바 '이촌향도(離村向都)'를 선택하게 된다.

"한양을 벗어나는 순간 기회가 사라지니 무슨 일이 있어도 한양에서 버텨라."

조선말 실학자 다산 정약용 선생도 돌아가시기 전 자녀들에게 이와 같이 당부하셨다고 한다.

이러한 사조는 다산 선생이 계셨던 조선말(末)에서 현재까지 이어져 '수도권 일극화'라는 사회적 병리현상을 만들어 내고 있다.

국토면적의 11.8%에 불과한 수도권이 국내총생산 49.5%, 취업자 50.2%, 투자 45.9%, 1천대 기업본 사 73.6%, 예금 68.7%에 해당하는 인구, 경제력 비중(통계청, 2016)을 갖게 된 이유는 크게 역사, 정치, 사회, 경제, 문화, 심리적 요인으로 구분할 수 있다.

첫째, 역사 및 정치적인 측면에서 전통적 중앙 집권적 구조에 의한 정치, 사회, 예술, 문화 등 사회 중추기능이 서울을 포함한 수도권에 집중되었다고 보는 견해다. 과거 농업중심 사회에서 영호남 지역은 한양(서울)에 비해 경제력은 높았지만 거점향도가 단순한 재화의 교환시장 역할에 머물렀기 때문에 도시적 중추기능들은 자연스레 한양(서울)에 집중될 수밖에 없었다. 또한 일제 강점기에는 수탈 목적의 남북축 중심 교통망 건설과 교통거점 도시개발이 추진되었고 1930년대 태평양 전쟁의 병참기지로서 서울, 부산, 인천, 대구, 평양의 '5대 공업도시'개발로 현재 대도시의 원형이 갖춰졌다. 그리고 신의주와 서울, 부산을 잇는 경의-경부선 철도 완공은 철도 인접 도시에 인구와 자본을 몰리게 했으며, 해방 이후 1960년대 군사정부 주도의 불균형 거점 개발방식은 지역 간 격차를 심화 시켰다. 특히 경부고속도로, 수출입항만, 자유수출지역과 같은 거점도시 중심의 사회간접자본 투자는 농촌에서 도시로 인구 이동을 가속화 시켰고 도·농간 경제, 사회격차를 확대시켜 수도권 인구 집중현상과 함께 지역 불균형을 심화시켰다.

두 번째, 사회 및 경제적인 측면에서는 사회 중추기능 수행 요소인 공공, 산업, 교육기능이 수도권에 집중되는 경향을 보인다는 견해다. 공공기능을 수행하는 국가기관은 각 중앙부처의 의사결정 및 정보교환, 수집 등의 업무 용이성을 위해 수도권 입지를 지향한다. 그리고 산업기능에 해당하는 기업의 본사, 중앙연구소 역시 관련 업계, 유관단체와의 정보교환, 수집, 자금조달 등의 기업 본연의 목적과 함께 발전

국가 정책 하에서 정부, 행정기관과의 밀접한 접촉, 우수한 인재확보 측면 때문에 수도권 입지를 지향한다. 교육기능을 수행하는 대학의 경우에도 종합대학 성격의 국내 대학이 가진 구조적 특성에 의해 우수한 인재가 많이 모여 있는 수도권 입지를 지향하고 있다는 점이다(국토연구원, 2002). 이와 같이 수도권은 거대 수요시장과 국가 주요 행정기관, 산업기반시설의 집적화에 따라 정보, 자금, 고급인재의 풍부한 풀이 존재하고 광역교통망 등 생활 여건의 직주일치(職住一致)형 구조를 갖춤으로써 지방과의 인프라 경쟁력에서 우위에 서 있다.

마지막으로 문화 및 심리적 측면에서 수도권의 역사, 정치, 사회, 경제적 측면의 입지구조는 수도권 지역의 문화, 교육, 의료, 소비시설 유치를 강하게 조성하여 지역 간 불평등 요소로 작용한다는 견해다. 특히 문화, 교육, 의료, 소비시설의 수도권 집중화는 비수도권 주민들에게 문화적 박탈감 및 생활수준의 격차를 야기하여 수도권이 물리적 동경대상이 되는 심리적 위화감을 조성한다는 것에 있다. 비수도권 주민의 이런 심리적 요인은 사회적 지위향상과 성공의 기회를 갖기 위해서는 수도권에 자리를 잡아야 한다는 맹목적 사고를 유발하고 비수도권의 후진적 이미지를 형성하여 심리적 불평등을 강화시키는 요인이 되기도 한다.

이와 같이 수도권과 비수도권의 지역격차는 국가 전반에 있어 다양한 불평등, 불균형 문제를 야기하고 있으며 수도권의 높은 지가(地價)형성에도 불구하고 인구와 자본의 집중현상을 더욱 강화하고 있다.

부산 경제위기의 원인

앞서 다룬 지역 불균형은 다양한 원인들이 제시되고 있지만 과거 정부가 선택한 발전국가 개발방식에 따라 심화된 측면이 있다. 일제강점기 일본 경제구조의 일부분으로 조각된 국내 산업구조는 자기 완결성을 갖추지 못했고 각 산업부분 간 유기적 연결 관계와 자주적 국민경제를 위한 기능이 없었다.

또한 일본의 수탈 및 병참기지화 정책에 의해 형성된 남농북공(南農北工)의 산업구조는 한국전쟁 이후 남북이 분할된 시점에 남쪽에 산업과 자원이 부재한 심각한 산업적 파행구조를 갖게 했으며 남아있던 산업과 자원시설 또한 한국전쟁

기간에 모두 사라지게 되었다. 이후 1960년대 시작된 5년 단위의 경제개발계획은 불균형 성장론 채택과 공업화 우선이라는 기치로 국토의 일부지역에 한해 경제구조를 고도화시켰고 결과적으로 지역 간 불균형을 심화시킨 요인이 되었다.

　부산의 경우 한국전쟁 이후 1962년부터 시작된 제1차 경제개발 계획기간 동안 세계 최대 단일 산업단지를 형성할 정도로 합판과 신발산업을 중심으로 발전하였으며 노동집약형 산업특성상 전국 각지에서 사람들이 몰려들어 1962년, 1970년, 1974년 부산의 인구증가율은 10%를 넘었다. 그러나 노동집약형 산업의 발전과 급속히 증가하는 인구문제는 부산과 같은 대도시의 무분별한 개발을 가져왔고 정부는 이를 제한코자 1972년 지방세 5배 중과시책, 1977년 '공업배치법'의 제정을 통해 부산을 제한정비지역으로 지정, 1982년 5차 경제사회발전 5개년 계획에서는 서울과 함께 '성장억제 및 관리도시'로 관리감독 하였다.

　결과적으로 도심 내 용도지역 위반 및 부적격 공장들은 인근 경남과 부산 외곽지대로 이전되었고 경남 창원, 김해, 양산, 밀양 등지에 조성된 지방공단은 부산의 입지수요를 충당하였다. 그러나 이러한 결과는 거대도시 기능개선과 도심 재개발 목적을 달성하였지만 서울과 달리 노동집약형 수출산업이 중심이었던 부산에는 지역경기 침체와 인구유출이라는 새로운 숙제를 안겨주었다.

이로부터 시작된 부산의 경제침체 원인을 4가지로 짚어 볼 수 있다 (https://www.busan.go.kr/Upload/EBook/public/menu3/sub2.jsp).

첫째, 정부의 강력한 규제이다. 전술한 바와 같이 1960년대부터 시작된 경제개발과정에서 서울, 부산 등 대도시에 인구와 자본이 집중되자 정부는 지방세 5배 중과시책을 적용하여 생산시설의 신·증설이 필요했던 대다수 기업들의 역외이전과 지역의 경제력 감소를 유발시켰고 공업배치법과 성장억제 및 관리도시 지정으로 부산의 경제성장을 제도적으로 강제하였다.

둘째, 수도권 인구 및 경제력 집중에 따른 지방경제 침체이다. 경제개발 초기였던 1960년대 20.8%에 불과하던 수도권 인구는 2000년대 들어 46.3%, 2020년에는 50.1%로 전체인구의 과반수 이상이 거주하는 인구 및 자본의 중심지가 되었다. 특히, 1997년 동아시아 경제위기 이후 수도권의 인구 및 자본 집중은 오히려 심화되고 공간적으로 확대된 것으로 나타났다. 부산은 동남경제권의 중심도시로서 신규 공업지역인 울산, 창원 등 동남공업벨트의 중추관리기능을 통해 성장해야 했으나 모든 중추관리기능이 수도권에 집중됨에 따라 수도권 대 비수도권이라는 단순 대응구조 속에서 변방 도시로 전락하게 되었다.

셋째, 산업용지, 사회간접자본 등 생산기반시설의 부족이다. 부산은 총 768.89㎢의 면적 중 347.15㎢가 산지(산림청, 2019)로 이루어져 전체 도시면적에 비해 가용 토지가 매우 협소하다. 1963년 이후 주변지역을 편입하며 도시면적은 2배로 커졌으나 산지를 비롯한 녹지의 비중도 동시 증가하여 현재는 전체면적의 70%가 불가용 토지로 파악되고 있다. 이러한 도시·입지적 요소는 70년대 이후 정부의 중화학공업 정책추진에 의해 울산, 창원에 대규모 공업단지가 계획, 조성될 시 부산의 신규 산업유치를 어렵게 하였고 1984년이 되어서야 처음으로 법정공업단지(신평·장림)가 조성되는 등 시대 흐름에도 뒤처지게 했다. 또한 27만여 평에 불과한 신평·장림단지는 부산기업들의 산업용지수요를 충당하기에도 매우 부족했고 중화학 공업기반의 신규 유치는 더욱 어려웠다. 협소한 가용토지와 거대도시로 성장하는 과정의 지가상승으로 기업들은 관내 신규투자가 어려웠고 이로 인해 양산, 김해 등 인접지역으로 역내 기업 이전이 가속화되었다. 이전업체 중에는 기계 및 조립금속업과 화학고무 제조업이 가장 많은 비중을 차지했으며 특히, 기계 및 조립금속업의 경우는 1989년 42개사 이전 이후 2000년 초반까지 연평균 130여개사가 지속적으로 역외이전하였다. 부산기업의 역외이전 대상지역은 양산과 김해가 가장 많았으며 해당 지역의 지가가 부산에 비해 상대적으로 저렴했으며 근접 물류망을 통한 비용을 최소화할 수 있는 곳이었기 때문이다.

넷째, 산업구조조정의 실기(失期)다. 경제개발계획 초기 부산은 국가의 공업화를 선도하는 경제성장의 중심도시로서 노동집약적 경공업 제품생산, 수출거점이었다. 그러나 1972년부터 중화학공업 정책을 우선하는 제3차 경제개발계획이 추진되기 시작하면서 국내 산업구조는 전면적인 전환이 이루어졌으며, 수출상품 구성에서도 중화학 공업제품의 비중이 높아졌다.

반면, 부산은 정부의 각종 규제와 산업 인프라 부족으로 새로운 시대 흐름과 신규 산업에 대한 투자가 거의 이루어지지 못했고 국토개발 성장거점은 대도시에서 중화학공업지역으로 이전되었다. 거점성장방식에 의한 경남·북 집중 신규 투자는 울산, 창원, 거제 등 동남공업벨트를 중심으로 석유, 화학, 기계공업, 조선 등 중화학공업을 발전시켰으며 상대적으로 부산의 지역적 중요도는 낮아졌다. 경공업 중심의 부산 산업구조는 80년 동명목재의 부도를 기점으로 합판산업이 사양화되고 군부정치세력에 의해 부산거점의 재벌기업이었던 삼화고무, 국제그룹 등의 해체로 경제적 주체를 상실했으며 주력산업인 신발 또한 80년대 말 노동쟁의에 따른 인건비 상승, 1990년대 초 '신발산업 합리화 조치'에 따른 해외생산 라인 이전, 다수 기업들의 부도와 폐업으로 새로운 성장산업을 육성하지 못했다. 이러한 실기(失期)는 지역 주력산업의 완전한 상실을 가져왔다.

앞서 논한 4가지 원인 외 부산이라는 거대도시가 제조업 경제에 기반을 둔다는 것에 다소 한계가 있다.

부산은 경공업에서 신성장 산업으로 전환할 시기에 제조업 중추기능인 즉, 연구시설과 같은 기술집약적 산업과 관련된 기술, 교육기반 환경을 조성했어야 했고 동남공업벨트의 중추관리기능인 금융, 정보, 행정, 회계, 법률서비스 등 지식서비스 및 금융구조를 우선적으로 구축해야 했다. 그러나 수도권 일극화 영향으로 지역 중추관리기능을 확보하지 못한 것이 산업전환 시기 이후 경기침체의 원인이 된다.

부산은 90년대 초 주력 제조기반 붕괴 이후 빠르게 서비스업으로 산업구조를 전환했다. 현재 부산의 종사자 기준 상위 3대 업종인 도소매업, 숙박 및 음식점업, 운수업은 서비스업 중 생산성 수준이 낮은 업종이다. 해당 서비스업에 대한 편중은 부산이 아직 지식기반 서비스업의 갖추지 못했다는 것을 반증하기도 한다. 산업구조 측면에서 부산지역의 가장 큰 문제점은 부산의 제조업과 서비스업의 성장속도가 둔화함에 있어 제조업과 서비스업의 전국비중도 동반 하락하고 있다는 것이다. 특히 부가가치가 높은 제조, 서비스업종이 수도권에 집중됨에 따라 부산지역 제조업 노동생산성은 수도권에 비해 낮은 수준에 머물고 있으며, 제조업과 서비스업의 생산성 격차도 크게 나타나고 있다. 또한 제조업의 공백을 서비스 산업이 대체하는 과정에서 지역특화업종으로 육성하지 못한 것은 지방정부의 산업정책 실패에 기인한다고 볼 수 있다(한국은행 부산본부, 2011).

한편 두 차례 큰 경제위기(동아시아 외환위기, 글로벌 금융위기)에서 부산의 서비스업은 전국 산업별 비중에 비해 크게 증가했다(한국은행 부산본부, 2020). 이미 90년대 들어 지속적으로 증가하던 부산의 서비스 산업 비중은 1997년 전국 평균(62.2%)보다 높은 69.3%를 나타냈으며 동아시아 금융위기를 벗어난 2002년 70.9%로 늘어났다. 그리고 2008년 글로벌 금융위기 당시 70.3%에서 2013년 72.7%로 증가했다. 그러나 19.5%였던 부가가치 비중은 18.7%로 하락하였다. 특히 2008년 글로벌 금융위기 이후 높은 생산성의 생산자 서비스가 전국 서비스 산업변화를 주도했다. 하지만 부산의 경우 사회서비스(공공 및 행정, 보건업 및 사회복지 등)만 독보적으로 성장하여 실질 서비스 생산성 향상에 기여하지 못했다. 그러나 부산 서비스 산업은 2018년 기준 전체 지역 산업의 73.9%의 비중으로 지역경제를 견인하고 있다.

이러한 서비스 산업의 지역 내 비중은 부산이 가진 대도시적 특성을 반영하는 것이지만 17.6%에 불과한 제조업에 비해서는 생산성이 낮다. 특히 금융위기 이후 부산의 서비스업은 정보통신, 부동산, 금융보험, 문화서비스 등 역내 수요 의존도가 높은 업종 위주의 성장으로 서울과 같은 서비스업 성장률과 역내수요 의존도가 큰 상관관계를 보이지 않는 대도시에 비해 대조적이긴 하지만 서비스업이 역내수요 의존도의 상관관계가 약한 대도시에 비해 대조적인 측면이 있다.

따라서 서비스업의 역내수요 의존도가 높은 부산의 경우 지역경제에 부정적 시그널이 나타날 경우 그에 따른 부정적 영향이 크며 타 지역에서 유입되는 외부수요로 대내적 충격을 상쇄하기 힘들다. 따라서 부산에서의 서비스업 성장과 지역경제 견인역할에는 제한이 따를 수밖에 없다. 실제 부산의 제조업과 서비스업 성장률 간 상관관계는 7대 대도시 중 가장 높아 제조업 생산충격이 서비스업에 파급되는 정도가 클 것으로 예측된다. 이는 부산의 제조업은 전국재이고, 서비스업은 지역재인 상황에서, 제조업의 생산성이 서비스업보다 높고 두 산업이 상호 보완적 관계를 가질 경우, 제조업의 침체 및 이탈과 역내 수요중심 서비스업의 증가는 지역경제 성장에 악영향을 미칠 수 있다는 것이다. 특히 부산의 1인당 소비금액은 현재 전국 소비금액 수준과 유사하나 부산 지역의 급속한 고령화, 인구유출에 따라 향후 지역 전체 소비의 큰 둔화를 가져올 것으로 예상되며 이는 역내 수요의존도가 높은 서비스 중심의 지역경제에 큰 충격을 미칠 것이다. 이는 코로나19로 인해 글로벌 경제의 전체적인 수요 감소가 부산과 같은 소비재 기반 제조 산업에 타격을 줄 경우 역내 서비스업에 미치는 부정적 영향이 크다는 것을 의미한다.

이러한 대내외적 환경에서 역내수요 의존형 지역경제를

회복시킬 수 있는 빠른 방법 중 하나는 역내수요를 지속적으로 촉발시켜 내수구조를 강화하고 이를 통해 자본의 역내 선순환을 만들어내는 지역 내생적 경제를 만드는 것이다. 이를 위한 수단으로 '지역화폐'와 '지역 내생적 경제 플랫폼'이 있다.

지역경제 위기의 대안
: 지역화폐, 지역 내생적 경제 플랫폼

세계경제에 위기가 발생하면 매뉴팩처적 분업의 영향으로 지역경제 내 자본경색이 나타나게 되며 지역경제는 심각한 타격을 받게 된다. 이러한 자본경색을 막고 지역경제를 활성화하기 위한 방안으로 지역화폐가 제안되고 있으며 전 세계 35개 국가에서 3,000여 개의 지역화폐(이수현·문진수, 2014: 12; 최준규·전대욱, 2016: 20; Kang & Hong, 2015)가 사용되고 있다. 지역화폐는 '특정지역 또는 집단 내에서 통용되는 사적통화, 보완화폐 또는 대안화폐'로 정의된다 (Constanza et al., 2003: 3; Lietaer & Hallsmith, 2005: 2).

일반적으로 경기가 불황에 진입하게 되면 법정화폐로

대변되는 자본은 안전자산으로 형태를 바꾸거나 자본 이익률이 높은 고부가가치 산업으로 이동하게 된다. 따라서 지대수익과 자본 이익률이 높은 수도권이나 해외 안전자산으로 자본이 대거 이동하면서 지역경제에는 유통할 수 있는 자본의 한계가 발생한다. 이로 인해 지역경제가 위축되며 특히 자본경색에 따른 지역에 대한 투자급감은 지역의 신성장 동력 확보를 어렵게 하여 지역경제는 지속적인 악순환에 직면하게 된다.

지역화폐는 이와 같은 지역자본의 경색을 막기 위해 제안되는 것으로 발행목적, 유통범위, 강제성 여부, 기능 및 가치평가 등에 있어 법정통화와 상이하며 각 지역화폐 간에도 서로 다른 목적과 특징을 가지고 있다. 또한 지역화폐는 지리적 또는 참여자가 인정하는 사회적 범위에 따라 사용 한정성을 가지고 있으며 이는 해당 범위 외의 유통이 불가능하거나 제한됨을 의미한다. 따라서 법정통화를 보완하는 부차적 화폐로서 유통 강제성을 갖지는 못한다. 또한 지역화폐는 이자가 발생하지 않거나 네거티브 이자율의 형태를 가지고 있으며 유통기한이 있고 법정화폐와 등가교환 되거나 되지 않는 경우도 있다. 이와 같은 성격은 일반적인 상품권의 성격과 유사하기 때문에 국내에서는 공정거래위원회의 신유형

상품권 약관을 준용하기도 한다. 지역화폐 발행자는 화폐의 가치를 결정하고 어느 지역에서 어떠한 방법으로 화폐가 교환될 수 있는지 결정한다. 그리고 지역화폐는 지역화폐 참여자로 하여금 지역상품 구매를 유도하여 수송비용 절감이나 배출가스 감소 등을 통해 지역 내 환경친화적 소비활동을 유인하기도 하며 지역 내 가맹점에서만 소비가 가능한 구조를 갖추고 있어 지역자본의 경로의존성을 유도, 지역경제를 활성화 시키는 역할을 한다.

지역화폐는 19세기 초 자유경제 체제의 불평등에 대항한 유토피아 사회주의 운동의 수단으로서 최초 제안되었고 이후 현대적 지역화폐 운동의 발생은 브레튼우즈 체제의 붕괴 이후 글로벌 경제위기로 지역경제가 괴멸되었던 캐나다 코목스 밸리의 LETS(Local Exchange Trading System)로부터 시작되었다. 2008년 글로벌 금융위기를 촉발한 기존 금융통화 제도의 한계에 대응하여 나타난 '국가화폐 불신 화폐개혁운동'의 블록체인 기술과 암호화폐도 지역화폐 운동의 하나로 지속, 발전해 나가고 있다.

국내의 경우 1999년 대전에서 '한밭레츠'가 최초의 공동체 기반 화폐로 발행되었으며 지방정부의 예산사업으로 시작한 것은 2006년 성남의 재래시장 특화사업인 '성남사랑

상품권'이다.

성남사랑상품권의 경우 현재 국내에서 유통되는 지역화폐의 원형으로 기초의회 조례, 사용처 제한 등의 운영규정 등 정부주도형 지역화폐의 선례를 남긴 지역화폐이다. 성남사랑상품권은 대형마트, SSM, 인터넷쇼핑몰 등 새로운 소매유통의 등장에 따른 재래시장 영세 상인의 보호를 위해 도입되었다. 초기에는 재래시장으로 유통 범위를 한정하였으나 지역자본의 역외유출 방지, 지역순환경제 등의 목적을 추가하며 가맹업종 및 사용범위를 확장하였다.

그러나 지역공동체와 기초지자체가 발행하는 지역화폐는 참여인원과 지방정부 예산의 한계 등으로 지역화폐에 의한 규모의 경제를 형성하지 못했고 일부 발행목적만 달성하는 등 활성화가 어려웠다.

2017년 7월, 정부는 향후 5년의 정책 기조를 시사하는 6개의 경제정책 방향 발표를 통해 '사람 중심의 경제'를 근간으로 하는 5대 국정목표와 4대 복합혁신과제를 제시하였다. 이에 기초하여 2018년 12월 '자영업 성장·혁신 종합대책'의 하나로 지자체가 자체적으로 발행하던 지역화폐에 국가재정을 투입하기로 하였고 이를 시작으로 정부주도형 지역화폐 사업이 본격적으로 추진되었다.

부산의 경우 2019년 5월 김영춘 전 국회의원 주관의 정책토론회를 시작으로 6월 민관 거버넌스로서 '부산지역화폐 추진단'이 구성되어 약 6개월간의 숙의를 통해 2019년 12월 말 부산지역화폐 '동백전'을 출범시켰다. 부산의 광역경제권인 울산의 경우 2018년 11월 착한페이 플랫폼을 운영하는 KT와 MOU를 체결, 지역화폐 운영시스템 설계와 제안, 상품 기획 등의 용역을 받고 입찰 평가를 거쳐 2019년 8월 '울산페이' 발행을 시작했으며 경상남도는 2019년 9월 제로페이 플랫폼과 연동, 운영되는 '경남사랑상품권' 발행을 시작했다. 경남의 경우 제로페이 기반의 모바일 상품권이 주요 수단이며 부산의 '동백전'과 울산의 '울산페이'는 착한페이 기반의 선불충전 IC카드를 주요 수단으로 한다.

그러나 동남권 광역지자체에서 채택한 지역화폐 수단은 지역화폐가 목적하는 지역 내 순환경제 구조를 구축하기 어려운 단순 지급 결제형 상품권에 불과하여 지역화폐 사용자의 유인을 위해 투입된 국가·지방정부의 매칭 인센티브 예산 및 발행금액 대비 정률적으로 지불해야 하는 과다한 운영예산으로 인해 예산 소진형 정책사업으로 의미가 퇴색되었다. 특히 동남권 광역지자체 지역화폐와 같이 지역공동체에 대한 함의와 목적이 상실된 채 관료주의에 입각하여 추진되는 정부주도형 지역화폐 사업은 지역화폐가 가진 본래 의미를 퇴색시키고 지역화폐에 대한 잘못된 인식을 지역시민에게 심어 줄 수 있다. 따라서 유럽, 일본 등 지역화폐 선행 모범 운영사례와 같이 사업시행 전 시민 대상 공개학습과 활동가 양성 프로그램 등 지역화폐에 대한 지역공동체 이해 기반이 갖춰진 상태에서 지역에 적절한 유통수단을 강구해야만 한다.

따라서 현재 정부가 추진하는 정부주도형 지역화폐의 경우 사업의 주체가 되는 지역공동체와 지자체의 사업이해가 반드시 선행되어야 하며 지역공동체에서는 지역화폐에 대한 공론화와 숙의 과정을, 지자체에서는 지역경제에 맞는 지역화폐 수단에 대해 검토해야 한다. 만약 지역 내에서 시민들에 의한 공론화 과정과 지자체 수단검토 없이 지역화폐 사업을 추진할 경우 운영대행사가 임의로 제안하는 지역화폐 운영플랫폼의 프레임에 갇혀 자주적 지역화폐의 운영이 어렵게 되고 결국 해당 사업이 운영대행사의 신규 수익사업 중 하나로 전락할 가능성이 높다.

따라서 수요견인을 통한 지역경제 활성화와 지역화폐의 특징 중 하나인 지역승수효과를 구현하기 위해서는 해당 지

희망에 대하여_부울경 메가시티

역경제에 맞는 '지역 내생적 경제 플랫폼'의 설계가 중요하다.

'지역 내생적 경제 플랫폼'은 지역이 당면한 경제문제를 면밀히 분석하고 경제 3주체인 가계, 기업, 정부의 지역경제에 대한 역할모델을 구체화하여 경제주체 간 상호연관성을 강화시키는 플랫폼을 의미한다. 따라서 현재 정부주도형 지역화폐 구조를 바탕으로 '지역 내생적 경제 플랫폼'과 그 수단인 '지역화폐'을 효과적으로 운영하기 위해서는 다음과 같은 설계검토과정이 필요하다.

첫째, 지역화폐 도입목적의 구체화다. 일반적으로 지역화폐를 도입하는 대다수의 지자체들은 지역의 저성장 극복과 지역자금의 역외유출 방지, 소상공인 매출 증대를 통한 지역상권 활성화 같은 명목적 이유를 들어 지역화폐의 도입 정당성을 확보한다. 그러나 지역화폐는 경제적 효용 측면에서 지역자본의 역외유출 방지와 지역 내 자본의 순환체계 구축이 주요 목표이기 때문에 관련 대상과 지역경제의 구조를 분석하는 과정이 매우 중요하다. 특히 현재 지역경제는 일국경제 뿐 아니라 세계경제의 메뉴팩처적 분업 관계의 영향을 받고 있음으로 단순히 수도권 일극화에 따른 지역경제 영향을 단정 짓기 어려운 측면도 있다.

지역자본의 역외유출 경로는 크게 3가지로 구분할 수 있는데 제조업과 서비스 산업의 생산 및 판매과정에서 발생하는 산업적 유출, 실물경제와는 무관하게 금융시장에서의 자금중계 과정상 발생하는 금융적 유출, 마지막으로 정부사무 과정에서 발생하는 행정적 유출이다(대전발전연구원, 2003).

산업적 유출은 주로 본사를 수도권에 둔 대기업과 지역기업 중 무역 및 자금 관련 자회사를 수도권에 둔 경우 발생하는데 이러한 자금유출의 수도권 집중화는 글로벌 금융위기 이후 지역의 실물경제가 크게 위축되고 지역의 산업 및 경제적 활동이 수도권 대기업에 종속되면서 심하게 나타났다.

특히 수도권 소재 대기업을 모기업으로 하는 하청 구조의 경우 지역에는 생산비용, 즉 임가공료와 인건비만을 남기고 잔여 부가가치는 대부분 본사로 유출하는 구조를 가지고 있으며 유통업 등 여타 분야에서도 동일한 구조적 형태로 나타난다.

금융적 유출은 주식과 채권 발행에 의한 자금조달이 수도권 기업에 의해 이루어지고 간접 금융 부분인 투신, 보험, 우체국 등과 같은 비통화 금융기관들이 지방자금을 수도권

희망에 대하여_부울경 메가시티

으로 유출시키는 주된 통로역할을 하기 때문에 발생한다. 특히 우체국 금융의 경우 지역에서 조성한 자금을 주로 정부 재정투융자를 통해 운영하기 때문에 역내 재투자되는 자금이 거의 없다. 또한 수도권에 본점을 두고 전국적 점포망을 가진 전국형 금융기관들의 지역자금 역외유출이 특히 심한데 이는 지역에 거점을 둔 투자신탁, 생명보험 등 제2금융권을 통한 자금의 역외유출을 의미한다.

마지막으로 행정적 유출은 수도권에 위치한 주요 행정 기관들에 의한 자금유출로서 지역 의료조합, 국민연금, 교육 등 중앙행정사무에 의해 모집된 지역자금이 역외로 유출되는 것을 이야기하며 지자체가 지방행정기관 사무에 따른 공사, 용역, 물품구매 등을 수행 시 역외소재 기업이 이를 수주함으로 발생하는 지방 재원의 역외유출 등이 있다.

지역자본 역외유출 경로는 수도권을 제외한 대다수 지역이 유사하고 지역 경제의 침체요인과 연관 분석을 통해 명확히 밝힐 수 있다. 따라서 지역화폐의 도입목적이 단순 명목적인 내용이 아니라 지역경제 현안에 맞고 해결 가능한 상세 목적을 갖추어야 한다.

둘째, 지역화폐를 통한 역내 자본순환 체계의 범위와 비용구조이다. 지역 내 자본 순환체계 구축에 있어서 대부분의 지역이 지역 완결적 경제체제를 갖추고 있지 않기 때문에 최소한의 역외유출만을 허용하는 지역화폐 기반의 내생적 경제 플랫폼이 필요하다.

이에 지역화폐의 특성을 이용하여 지역경제 침체요인을 해소할 수 있는 최적의 조건을 구비해야 한다. 지역화폐는 지역자본의 흐름에서 역외유출을 물리적 방식으로 강제함으로서 지역경제를 활성화시키는 폐쇄시장모델이다. 따라서 지역화폐가 목적에 맞는 순기능을 하려면 지역화폐가 법정화폐와 같은 수준의 보편적인 사용이 가능해야 하며 사용처 제한 등 사용상 불편이 발생하는 부분에 대해서는 반대급부적인 요인의 제공도 필요하다. 여기서 반대급부란 실제 금전적 이익에 해당하는 정량적 부분과 함께 지역 공동체 상생이라는 정성적 부분도 포함됨을 의미한다.

또한 지역화폐 결제수단으로 지류, IC카드, 모바일 지불수단 등이 사용되나 이를 유통하고 지역 내 자본순환 체계 내에서만 사용할 수 있도록 강제하는 지역화폐 운영 플랫폼의 비용 측면 또한 반드시 고려되어야 한다. 지역화폐는 대안화폐이기 때문에 법정화폐와 별개의 금융 시스템으로 운영할 수는 있지만 실물경제와의 호환이 필요하고 이를 위해서는 비용이 발생하기 때문에 현행 금융 관련법에 저촉되지 않는 범위 내에서 혼용해서 사용토록 하는 것이 필요하다. 따라서 지역화폐 운영 플랫폼은 실물경제와의 안정적 호환 관계뿐 아니라 지역화폐의 발행금액과 참여인원 수에 상관 없는 운영 비용구조를 갖추어야 하며 지역화폐 참여자의 개인계정 간 거래 시에는 관련 비용이 발생하지 않는 금융거래 시스템으로 구성되어야 한다.

이를 통해 지역화폐 운영 플랫폼 내에서 통용되는 지역화폐는 지역화폐를 사용하는 지역의 기축통화로서 작동하게 되며 이를 바탕으로 기존 실물경제에서는 거래되기 어려운 지역 내 사회적 자본의 거래 또한 가능하다. 예를 들면 봉사, 육아, 보육, 도시환경, 친환경 등 교환가치의 측정이 어렵거나 기존 거래수단으로 는 거래하기 힘든 사회적 가치들을 교환 가능한 재화로 거래 가능케 하며 이를 통해 최소 지역단위 및 재화까지도 개별적 지역화폐로 거래할 수 있는 교환경제가 가능하게 된다.

이러한 개별적 지역화폐는 지역화폐 플랫폼 내 다양한 사회주체들의 합의를 통해 언제든지 발행이 가능하며 최초 발행된 지역화폐의 가치가 등가교환 되기 때문에 블록체인 기술의 소프트포크와 유사하다 볼 수 있다.

셋째, 지역화폐와 지역화폐 운영 플랫폼의 내생적 경제 구조 설계이다. 지역 내생적 경제구조란 지역화폐 유통만으로 지역 내 소득을 증가시키고 이를 통해 지역 내 총생산을 늘리는 구조를 의미한다. 이는 지역화폐로 역내 구매력 및 소비성향을 제고시켜 역내 수요와 재화의 거래증가를 유도하고 이를 통해 지역 내 부가가치, 즉 지역화폐로부터 잉여를 발생시키는 것이다. 지역화폐로부터 발생한 부가가치는 역내 참여자들의 소득증가와 이를 통한 참여자들의 한계소비성향을 끌어올리는 메커니즘으로 작동된다. 최종적으로 지역화폐는 지역화폐를 활용하여 지역경제를 활성화 시키고자 하는 정부의 세금공제수단(Tax Credit)의 역할로 수렴되는데 이는 현대화폐이론에서의 화폐 기능과 동일하다. 지역화폐의 잉여가 지역화폐를 운영하는 지방정부의 세금으로 귀속되어 다시 시민들에게 다양한 정책적 수단으로 재분배되는 투명한 순환과정을 통해 지역 내생적 경제구조가 완결되는 것이다.

지역화폐 기반 지역 내생적 경제구조는 완벽하게 독립적으로 일국 경제와 분리되어 운영되지는 못한다. 이는 지역화폐가 최초 법정화폐와 등가교환을 통해 가치가 이식되기 때문이며 이후 지역화폐 플랫폼 내에서 지역화폐 가 유통된

후 역외로 유출될 때 법정화폐와 태환되기 때문이다. 따라서 지역 내생적 경제구조는 지역화폐 플랫폼을 통해 일국경제와 상호 연동적 관계가 형성되며 역내외 이중 운영구조에 따라 지역경제 발전의 매커니즘을 갖는다.

이는 지역화폐 플랫폼을 통해 자본의 역외유출 속도를 최대한 지연시키고 법정화폐 등가 교환되는 화폐 매커니즘이 개별적으로 역외에서 자본의 순환과정을 거치면서 이윤을 창출하는 구조가 되기 때문이다.

해당 구조를 자세히 설명하면 지역화폐 플랫폼내부로 유입된 법정화폐는 폐쇄경제 하의 지역화폐 참여자들 간 거래에 따라 지역승수효과를 발생시키고 지역화폐 플랫폼 외부에선 통상 자본의 순환과정에 따라 이윤을 발생시켜 최종적으로 내외부 운영에 의해 발생된 이윤총합이 지역 내생적 경제구조 내로 수렴되는 것이다.

광역경제권을 잇는 지역 내생적 플랫폼과 메가시티 지역화폐

수도권 일극 체제 극복해법으로 2018년 김경수 경남도

지사가 제안한 동남권 메가시티 플랫폼은 부울경 지역의 역사적 동질성, 공동생활권, 밀접한 산업 연계성, 상호협력을 통한 경쟁력 있는 도시형성 가능성을 동남권 협력의 당위성으로 제시하며 해당 지자체들의 지속적인 협의과정을 통해 현재 추진 중에 있다.

부울경 외에도 대전, 충남, 세종, 충북의 4개 시도, 대구, 경북 등 초광역 경제권에 대한 지자체들의 관심과 업무협약 등이 진행되고 있으나 동남권 메가시티 플랫폼이 가장 발 빠르게 움직이고 있다.

동남권 메가시티 플랫폼은 이미 '동남권 상생발전협의회'를 통해 행정, 산업경제, 교통물류, 문화관광, 재난안전, 교육, 보건복지, 먹거리 등 8개 분야 30개 세부과제를 선정했고 '동남권 메가시티 실현을 위한 초광역 협력사업 로드맵'을 구체화하였으며 우리나라 최초로 초광역 협력사업을 위해 제안된 '특별연합' 형태를 구성한다. 동남권 메가시티 플랫폼 로드맵에서 계획하고 있는 산업·경제 분야는 동남권 항공산업 종합발전을 통한 일자리 창출과 동남권 수소 메가블록 사업, 동남권 탄소 메가벨트 구축사업, 아시아 스타트업 벨트 구축 사업 등으로 지금까지의 지방광역, 기초지자체가 지역의 고용창출과 경제 활성화를 위해 활용해온 대표적인 정책수단과 유사하지만 디지털과 그린, 두 축으로 구성된 '한국판 뉴딜' 정책과 동남권 광역경제개발을 매칭함으로서 다극경제체제 실현에 주안점을 두었다는 것이 이전의 지방 개발정책과 차별화된다. 정부가 추진하는 다극 체제 하의 분권경제정책은 그동안 중앙정부 중심과 공급자 중심의 정책적 관행에서 벗어나 지역 중심의 균형발전전략의 하나로서 지역 토종산업에 바탕을 둔 합리적인 개발전략이라 볼 수 있다. 그러나 다양한 산업분야를 통해 추진되는 동남권 개발정책으로 지역의 신성장 동력을 확보한다 하더라도 현재와 같은 지역소득의 역외유출과 수도권 종속기반 경제체제가 개선되지 않는다면 광역경제 활성화를 통해 발생된 지역의 잉여자본은 모두 수도권으로 유출될 것이다.

2019년 기준 지역별 가계 총소비 대비 순유출액 비율, 지역별 가계소비 지출 비중, 지역별 가계 역외소비율을 살펴보면 동남권 광역경제권 내 울산, 경남의 역외 순유출이 전국 평균(54.3%)을 상회한다. 이는 부울경 지역이 글로벌 금융위기 이후 기계, 조선, 자동차 등 주력산업의 부진에서 벗어나지 못하여 지역산업의 침체가 인구유출을 비롯 연관 산업의 성장둔화에도 영향을 미쳤기 때문이다. 이로 인해 역내 소비경제가 크게 위축되었고 이러한 소비경제 위축은 정주 환경의 낙후와 관광, 의료 등 다양한 사회적 인프라의 경쟁력까지 하락시켜 동남권 가처분 소득의 역외유출 및 지역경제 피폐를 유발하고 있다. 만약 동남권 광역 경제망이 형성된 후에도 울산, 경남의 지역소득이 현재와 같은 수준으로 역외유출 될 경우 광역 경제권의 사회적 중추기능을 수행해야 하는 부산의 입장은 크게 위축될 수밖에 없으며 이는 광역권의 내생적 경제구조를 보다 선제적으로 도입, 검토해야 함을 의미한다.

동남권 광역 경제권 전체를 하나의 내생적 경제구조를 가진 지역화폐 플랫폼으로 구축하기 위해서는 전술한 바와 같이 지역화폐 도입목적의 구체화를 통한 각 지역의 역외유출의 경로분석이 우선되어야 한다. 특히 부울경 지역은 지역자본의 역외유출 경로가 각기 다르기 때문에 각 지역별 유출경로와 유출대상에 대한 현황파악이 필요하다. 먼저 울산의 경우 부산과 경남북에 대한 소비유출 정도가 전국에 비해 높게 나타나며 업종별로는 유통, 의료기관, 가전분야 등 생활소비 부분에서의 역외소비가 크다. 경남의 경우에는 양산, 김해, 창원이 부산에 대한 역외유출 정도가 심하며 이는 정주 불일치에 기인한 면이 크다(동남지방통계청, 2019). 그러나 울산과 경남의 소득이 부산으로 유출되어도 실제 해당 역외유입분은 부산에 내재화되지 않는다. 부산의 순자본 유출 비율은 2018년 기준 19.1%에 달하며 유출지역도 수도권에 집중되어 있어 동남권 지역자본은 최종적으로 수도권으로 유출되는 것으로 확인된다. 따라서 광역 경제의 지역화폐 도입은 수도권을 향한 역외유출과 역내 소비편중을 막는 이중의 목적성을 가진다.

다음으로 동남권 광역 지역화폐의 구조이다. 현재까지 광역시, 도 단위를 넘어서는 초광역 지역화폐와 800만의 인구가 일국 화폐경제가 아닌 독립된 지역화폐 플랫폼을 통해 역내경제를 구현한 사례는 없었다. 그러나 전술한 지역 내생적 경제구조의 지역화폐 운영 플랫폼과 현 정부에서 추진 중인 정부주도형 지역화폐 인센티브가 결합되면 강력한 지역 승수효과를 가진 초광역 지역화폐 플랫폼이 구축될 것으로 예상된다. 따라서 동남권 메가시티 플랫폼의 지역화폐 기본구조는 지역 내생적 경제구조의 정부주도형 지역화폐 운영 플랫폼이 되어야 한다.

먼저 지역화폐는 지역경제를 회복시키고자 하는 지역민 전체의 단합된 공동체 의식이 가장 중요하고 이를 바탕으로 내생적 플랫폼, 지역화폐 같은 수단적 요소들이 제안된다. 따라서 동남권 광역 지역화폐 발행에 대한 시민사회 전체의 동의는 반드시 필요하다. 지역화폐가 각 지역 경제, 사회공동체의 동의 없이 관의 정책에 우선하여 집행되면 동남권 지역에서 현재 발행, 유통되고 있는 지역화폐와 같이 지역경제에 대한 관심보다는 사익을 위한 소비 대체수단으로 머물게 된다. 따라서 지역사회 전체가 현재의 지역경제 위기상황을 충분히 이해하고 이를 극복하기 위한 의식이 고무된 상태에서 지역화폐 또는 그 외 지역경제 활성화 수단들이 대안적으로 제시되어야 한다.

또한 동남권 광역 지역화폐 플랫폼 구조는 모든 지역화폐의 구성단위 즉, 초 광역지자체(협의기구), 광역지자체, 기초지자체, 마을 단위의 지역화폐가 단 하나의 플랫폼상에서 결제와 재유통 되는 것을 의미한다.

현재 발행되는 대부분의 지역화폐는 현행법에 의해 1차적 결제수단에 머물고 있다. 따라서 동남권 초광역 특별연합을 통해 재유통 가능한 동남권 광역 지역화폐에 대한 별도의 금융규제 해제를 강구해야 할 것이다. 재유통의 구조가 필요한 이유는 동남권 광역 지역화폐가 자체 선순환 구조를 형성하기 위한 것으로 이를 통해 동남권 초광역 지역화폐가 동남권 전체의 기축통화가 되어 광역, 기초, 마을 단위 화폐까지 등가교환을 할 수 있는 구조가 되기 때문이다. 이러한 구조는 지역화폐 플랫폼에서 마을 단위 이하의 개별 조직단위, 즉 사회적 협동조합이나 동네 소매점 같은 곳에서도 자신만의 화폐 생태계를 생성할 수 있다는 것을 의미한다. 아래 그림은 동남권 광역 지역화폐 플랫폼의 재유통 다층구조이다.

동남권 광역 지역화폐 플랫폼

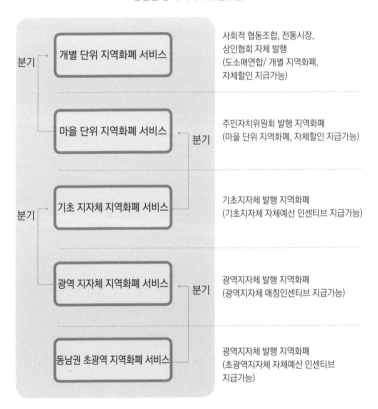

개별 단위 지역화폐 서비스 — 사회적 협동조합, 전통시장, 상인협회 자체 발행 (도소매연합/ 개별 지역화폐, 자체할인 지급가능)

마을 단위 지역화폐 서비스 — 주민자치위원회 발행 지역화폐 (마을 단위 지역화폐, 자체할인 지급가능)

기초 지자체 지역화폐 서비스 — 기초지자체 발행 지역화폐 (기초지자체 자체예산 인센티브 지급가능)

광역 지자체 지역화폐 서비스 — 광역지자체 발행 지역화폐 (광역지자체 매칭인센티브 지급가능)

동남권 초광역 지역화폐 서비스 — 광역지자체 발행 지역화폐 (초광역지자체 자체예산 인센티브 지급가능)

예를 들어 지역 소상공인 단체가 마을 단위 이하의 사용 목적으로 마을 단위 지역화폐 서비스를 통해 지역화폐를 발행했을 때 이 화폐가 동남권 광역 지역화폐 플랫폼을 통해 모든 단위의 지역화폐와 호환이 가능하고 마을 단위 내에서는 재화와 서비스의 거래가 가능함을 의미한다. 단, 이 경우 상·하위 지역화폐 간 호환은 가능하나 호환 시 해당 지역화폐의 액면가치 차등이나 감가가 발생할 수도 있다는 조건이며 이는 지역화폐 간 호환 시 비용 발생을 통해 단위발행 지역화폐는 원래 목적에 맞게 사용될 수 있도록 강제하는 역할을 한다. 그리고 해당 지역화폐를 발행한다는 것은 법정화폐와의 교환을 통해서만 가능하기 때문에 해당 지역화폐 단위로 유입된 법정화폐는 동남권 광역 지역화폐 플랫폼 밖에서 예치금의 형태로 역외자본의 순환과정을 거치게 되고 차후 지역화폐 플랫폼에서 해당 법정화폐가 유출될 때 지역화폐 플랫폼에 역외자본 순환과정에서 생겨난 잉여를 플랫폼 내부로 제공한다. 이를 통해 내부적으로는 역내 재유통을 통한 승수효과가 발생하고 외부적으로는 일반금융의 자본 흐름에 의해 이자 또는 예치금을 활용한 공공수익사업의 외부이익 효과를 발생시킨다.

이러한 구조가 가능한 이유는 동남권 광역 지역화폐가

지역화폐를 발행하는 주체의 신용을 담보로 발행하는 신용화폐(Credit note)가 아니라 단순히 법정화폐와 등가교환 된 교환수단(Medium)이라는데 있다. 따라서 동남권 광역 지역화폐 플랫폼 내에서 연동되는 모든 지역화폐, 즉 초광역 지자체 화폐부터 마을 단위 이하의 개별화폐까지 모두 독립적인 승수효과를 구현할 수 있다.

"지역화폐는 저축되지 않는다."라는 선행조건에서 동남권 광역 지역화폐 플랫폼 내의 폐쇄경제 모형의 지역화폐 승수효과는 절대소비에 의한 무한급수를 통해 생성된다. 이는 동남권 광역 지역화폐가 1차 소비형 거래구조가 아닌 초광역에서 마을 단위까지 다층형 구조에 의해 자본이 거래되고 순환됨을 의미한다. 이를 통해 동남경 지역경제는 절대소비형 지역화폐에 의해 수요견인 경제 상태에 놓이게 된다. 또한 전술한 동남권 광역 지역화폐 플랫폼 구조와 현 정부에서 추진하는 정부주도형 지역화폐 사업이 결합되면 지역 내생적 경제구조의 인센티브형 지역화폐 플랫폼이 구축된다.

디지털 경제 아래에서 성공적인 플랫폼은 어떠한 플랫폼이든 사용자 수가 많아야 하고(규모의 경제) 사용자가 지속적으로 플랫폼에 머물러 있어야 한다(잠금 효과). 중앙과 지방 정부가 매칭하여 제공하는 인센티브는 플랫폼 내 폭발적인 사용자 유인을 만든다. 이는 정부 예산으로 투입되는 인센티브가 만들어 내는 마중물 효과에 불과하다. 지역화폐 플랫폼의 지속가능성은 사용하는 초광역 시민들이 지속적으로 지역화폐를 사용할 수 있도록 하는 내생적 경제구조에서 나온다. 따라서 초기 인센티브를 통한 사용자 유입으로 규모의 경제를 실현하고 그 과정에서 지역화폐 참여 시민들에게 지역경제에 대한 각성을 지속적으로 요구하며 각 단위별 지역화폐 서비스는 지역화폐 사용자의 요구사항에 따라 개별적 서비스를 반드시 제공해야만 한다.

이는 단위별 지역화폐 서비스가 사용자 요구에 의해 개발되어 플랫폼에 적용되면 초광역 지역화폐부터 개별단위 지역화폐까지 동일한 서비스를 제공받을 수 있다는 것을 의미한다. 이러한 사용자의 요구와 서비스 실행은 민관거버넌스에 기초하여 민관이 소통하는 민주주의적 플랫폼으로서의 역할이 가능함을 시사한다. 따라서 동남권 광역 지역화폐 플랫폼은 지역경제 활성화를 위한 제한적인 용도를 넘어서 초광역단위의 정부와 시민이 적극적으로 소통할 수 있는 장(場)의 역할과 거대한 시장의 역할을 하는 지역경제형 광장 민주주의 플랫폼이 되는 것이다.

그리고 이러한 수단적 요건은 선불충전형 IC카드나 모

바일 결제 수단으로 충분하며 이를 위한 별도의 지역화폐 통합기구를 설치하여 민간에서 관리운영토록 하는 것이 바람직하다. 관 주도 지역화폐의 실패사례가 비용적인 측면에서 발생하는 이유는 지역화폐의 이해 부족과 함께 지역화폐 운영의 메커니즘에 대한 이해 없이 단순히 정책적 수단으로 평가, 관리, 입찰을 통해 운영하기 때문이다. 따라서, 동남권 광역 지역화폐의 수단과 관리는 모두 민관거버넌스를 통해 합리적으로 추진되어야 바람직하다.

　마지막으로 동남권 광역 지역화폐는 "우리 가게에 도움 되는 화폐, 우리 지역에 도움 되는 화폐"로 초기 지역소상인과 골목상권 중심의 지역 모세혈관 경제의 활성화를 중점 추진하고 지역자본의 축적과 거래 활성화 후에는 산업재를 비롯한 역내의 모든 재화와 용역, 서비스 분야에서 활용될 수 있도록 권역권 화폐와 더불어 상품별 화폐를 도입하여 지속적인 광역권 지역화폐의 진화과정을 가져가야 한다.

　그리고 지역 내생적 경제구조의 지역화폐 플랫폼 운영을 통해 글로벌 금융위기 이후 아직까지 회복하고 있지 못한 국내 및 전 세계 지역들에게 동남권 광역 지역화폐 플랫폼 시스템과 노하우를 제공하여 모범적이고 선도적인 광역 지역화폐 모델로서 입지를 가져야 할 것이다.

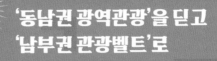

'동남권 광역관광'을 딛고
'남부권 관광벨트'로

김영춘
전 해양수산부장관

지금의 부산

부산은 대한민국 제2의 도시이다. 그러나 LA, 상하이, 오사카 등 다른 나라 제2의 도시에 비하면 부산을 찾는 외국인 관광객은 그리 많지 않다. 서울이 다 가져가기 때문이다. 한국을 찾는 외국인 관광객의 방문지를 보면 서울이 80%를 먼저 차지하고 그 나머지를 가지고 그 외 지자체들이 다투는 형국이다. 우리나라를 찾는 외국인 관광객의 101.6%(방문도시 복수 응답)가 수도권에 편중되어 있다. 부산의 몫이 적을 수밖에 없다.

그런데 그 내용을 들여다보면 부산의 현실은 더욱 초라하다. 2013년까지만 해도 부산을 찾는 외국인 관광객(280만 명)은 오사카를 찾는 외국인 관광객(260만 명)보다 많았다. 그러나 4년이 지나 2017년 오사카를 찾은 외국인 관광객은 1,100만 명을 넘어섰는데 부산은 200만 명대에 머물러 있다. 코로나19가 유행하기 전에 오사카 방문 외국인 숫자가 1,300만 명을 넘어섰다고 하니 부산과의 격차는 무려 다섯 배가 된다.

국내관광이라고 해서 크게 다르지 않다. 우리가 부산을 '제2의 도시'라고 칭해왔지만 국내 관광분야 부동의 '넘

버 투'는 제주였다. 부산은 서울, 제주에 이은 '넘버 쓰리'였
다. 그런데 이제 그마저도 위태로워졌다. 동계올림픽을 계기
로 신설된 KTX를 통해 수도권 인구를 빨아들이고 있는 강릉
과 강원도가 무섭게 치고 올라온 것이다. 부산의 최대 강점
이 바로 '바다가 있는 도시'였는데 이제 그 비교우위를 강원
도에 빼앗겨 버린 것이다. 지금 강릉은 이 유입인구를 바탕
으로 마이스산업 진흥에도 박차를 가하고 있다.

부산이 처한 모든 상황이 좋지 않다. 지금은 코로나19
로 인해 하늘길, 뱃길이 모두 막혀 해외 관광객 유입이 불가
능한 상황이다. 이 공백기를 거쳐 아마도 내년이면 하늘길이
뚫릴 것으로 보인다. 그때는 어떤 일이 벌어질까.

전문가들은 다시 관광이 가능해지는 시기엔 관광수요가
폭증할 것으로 예상한다. 그런데 그때 새롭게 시작하고, 새
롭게 형성되는 외국인 방문객의 관광패턴은 지금 작동하고
있는 국내관광 패턴을 그대로 답습할 가능성이 매우 크다.
그렇게 되면 부산은 국내관광에 이어 외국인 관광에 있어서
도 '넘버 포'로 전락할 가능성이 매우 높다.

이렇듯 시기적 상황이 열악하고 지리적 조건이 취약한
부산이 택할 수 있는 방안은 무엇인가. 부산이 이러한 위기
에서 탈출하기 위해 지금 선택할 수 있는 유일한 해법은 권

역관광의 거점이 되는 것이다. 서울의 인근 도시들이나 중부
권 도시들은 서울과 다른 관광권역을 가질 수 없다. 그러나
서울과 400킬로미터 거리의 부산은 (도쿄로부터 400킬로미터 떨
어진 오사카처럼) 수도권 관광권역에 흡수되지 않고 독자적 권
역을 가질 수 있다.

부산이 부울경을 아우르는 동남권 관광의 중심축 기능
을 수행할 수 있다면 이는 훗날 호남지역을 포괄하는 남부권
관광벨트의 형성을 가능케 할 것이다. 부산은 서쪽에 있는
통영과 거제, 동쪽의 울산 경주까지 한 시간대, 더 넓게는 여
수와 포항, 안동까지 두 시간대면 이동이 가능하다. 결국 동

희망에 대하여_부울경 메가시티

남권 메가시티 개념은 수도권에 비견될 '남부권 관광벨트'로
의 확장의 발판이 될 것이다(2020 국제관광도시 공모사업 최종 PT
자료).

결국 수도권에 대응하는 새로운 관광권역의 등장이 가
능해지고 부산은 그 거점으로 자리매김하면서 남부권의 상
생, 공존, 번영의 핵심도시로 성장할 수 있는 것이다.

관광은 경계가 없다

모든 지자체의 행정구역은 분명하게 구분된다. 그러나
관광 분야에서 이런 '경계'는 별 의미가 없다. 오히려 관광산
업의 경쟁력을 키우려면 인접한 지자체끼리 적극적으로 협
력해야 한다. 한 예로 국비 지원을 받아 관광 인프라를 조성
할 수 있는 기회인 '광역관광개발사업'을 확보하려면 지자체
간 협업이 필수다. 게다가 지금처럼 외국인 방문객이 수도권
으로 과도하게 쏠리고, 외국의 도시와 치열하게 경쟁하는 상
황에서 여러 지자체가 함께 '관광 벨트'를 구축하면 관광객
유치에도 유리한 고지를 점할 수 있다(민경진, 2019).

교통수단과 정보통신의 발달로 인해 관광객의 관광범위

가 확대되면서 정부는 광역권 관광 개발계획을 수립하기 시작했는데(문화체육관광부 2011, 2013) 이는 국가적 쟁점인 지역 균형발전과도 그 궤를 같이한다.

뭉쳐야 산다

대규모 예산이 투입되는 광역관광개발사업은 지자체 입장에서는 관광 인프라 구축과 지역경제 활성화라는 두 마리 토끼를 모두 잡을 수 있는 기회다. 최근 진행 중인 광역관광개발사업으로는 ▶ 유교 가야 신라 3대 문화권 생태기반 조성(경북 대구) ▶ 중부 내륙권 광역관광개발(강원 충북 경북) ▶ 한반도 생태평화벨트(인천 경기 강원) ▶ 서부내륙권 광역관광개발(세종 충남 전북) ▶ 충청유교문화권 광역관광개발(대전 세종 충북 충남) 등 5개가 있다. 길게는 십 년 안팎의 기간이 소요되는 이 사업들엔 적게는 2천4백억에서 많게는 무려 2조 원의 예산이 투입된다.

이처럼 전국적으로 광역관광개발이 활발하게 추진되지만, 부울경의 분위기는 사뭇 다르다. 부산, 경남, 전남이 추진했던 남해안 관광클러스터(2010~2017년) 조성이 끝난 후 추가

사업을 확보하지 못했기 때문이다. 특히 부울경은 2001년부터 동남권관광협의회를 꾸려 운영했음에도 광역관광개발사업안을 마련하지 못했다는 점이 아쉬운 대목으로 남는다. 이와 관련해 지역 관광 분야 전문가들 사이에서는 3개 시·도의 관심 정도가 달랐던 데다가 경쟁자라는 인식이 있어 협업이 잘 이뤄지지 못한 것으로 보고 있다(민경진, 2019).

자유 개인관광의 확산

현재 관광시장은 FIT(Free Individual Tourist. 자유개인관광객) 위주로 새롭게 재편되었다. 가이드를 대동해 관광버스로 이동하는 단체관광이 과거의 압도적 관광 방식이었다면 지금은 고객이 자유롭게 직접 여행 계획을 짜고 이동 동선 및 교통수단을 선택하는 FIT 시대가 도래한 것이다. 중요한 것은 과거와 같이 시·군·구와 같은 배타적 행정자치 경계를 기준으로 한 관 주도적 관광정책은 한계에 부딪힐 수밖에 없다는 점이다. 결국 광역 또는 권역 관광정책을 추진하여 이웃하는 지역이 서로의 관광자원을 공유하여 풍부하고 매력적인 관광 콘텐츠 풀을 조성하고 소비자로 하여금 이를 선택하게 하는 것이 미래 관광의 핵심이다.

따라서 지역 관광의 틀을 소비자의 관점에 맞게 광역적 관점에서 재정비할 필요가 있으며 이를 통해 인접 지자체 간 중복투자 문제를 해결하고 상호보완적 관계의 시너지 효과를 창출해야 한다.

또한 외래 관광객의 서울·수도권 편중이 심화되고 있는 현실에서 한 지역만으로는 관광 경쟁력 확보가 쉽지 않은 현실이다. 따라서 외래 관광객의 수도권 편중 현상을 막고 FIT 관광이라는 트렌드에 부응하기 위해 동남권을 하나의 광역 관광권으로 통합해 지역관광산업의 경쟁력을 높일 필요가 있다(윤태환, 2018).

관광의 고급화

최근 관광 트렌드도 지속적으로 변하고 있다. 국내 여행객의 경우 당일여행에 비해 숙박여행 비중이 증가하고, 웰빙형·체험형 관광 활동이 대중화되는 추세이다. 또한 '자연/풍경감상'에 비해 '휴식/휴양'의 비중이 증가하는 반면, 과거 주된 관광 활동 형태의 하나였던 '유흥/오락'의 비중은 점차 감소하는 추세를 보이고 있다. 즉 이제까지 주요 여행형태였던 경치관광이나 단순소비성 관광행태가 감소하고, 휴식과 체험을 중시하는 여행 방식이 뚜렷한 트렌드로 부상한 것이다.

외국인 관광객의 경우는 위락/여가 목적의 방한객 비율이 증가하는 경향을 보인다. 방한객들의 주요 관광 활동이 쇼핑, 관광지 방문, 식도락, 업무수행 순으로 나타나는 경향은 여전하나, 업무수행, 전문활동 등의 비율은 조금씩 감소하고 휴양/휴식, 테마파크 방문 등의 비율은 증가하는 경향을 보이고 있다. 또한 쇼핑 및 문화시설 방문이 증가하고 있다. 특히 쇼핑이나 전시, 공연 등 이들의 주요 문화시설 방문 비율 역시 높거나 증가 추세이므로, 이러한 쇼핑이나 음식뿐 아니라 문화예술 콘텐츠 등 지역의 매력을 재창출하기 위한 전략이 요구된다.

또한 MICE 산업, 크루즈, 의료관광이나 골프, 요트 등으로 구성된 럭셔리관광 처럼 부가가치가 높은 관광산업의 수요가 전 세계적으로 증가하고 있다. 따라서 이러한 고부가가치 관광산업은 관광 수입 및 외래관광객 증대를 위해 반드시 중점 육성해야 할 분야이다.

최근 각국 관광정책에서 가장 주목할 만한 것 중 하나는 바로 교통 편의성 증대를 위한 노력이다. 관광은 이동을 전제로 하기 때문에 대중교통체계 개선 및 이용 편의성 제고는 지역관광 활성화의 성패를 좌우하는 가늠자가 된다. 대중교통망뿐 아니라 KTX와 광역철도를 중심으로 한 광역교통망의 확보는 권역 관광산업발전의 전제 조건이자 필수 인프라가 될 것이다.

이는 부산의 고민이기도 하다. 부산은 기차역, 항만터미널, 공항이 도시 진출입의 거점 공간들인데 기차역을 제외하면 도심으로의 '논스톱' 대중교통이 부재하다. 항만터미널은 마을버스를 타야 도심 연결이 가능하고 공항에서는 교통체증을 각오하고 공항리무진을 이용해야 한다. 공항에서 전철을 이용해 도심으로 진입하려면 갈아타는 번거로움에 길을 잃고 헤매는 수고까지 감내해야 한다. 이러한 문제들을 시급히 개선해야만 부산을 관광객 친화적인 도시로 만들 수 있다.

특히 교통 펀더멘털이 제대로 작동할 때 지역의 관광 콘텐츠와 연계한 다양한 할인 관광패스의 도입이 가능해지고 결국 외지에서 방문한 관광객들의 관광 편의성이 대폭 향상될 수 있는 것이다. '관광의 절반은 교통'이라 해도 과언이 아닐 정도로 한 도시는 물론 권역 관광에 교통이 미치는 영

향력은 압도적이다. 당연히 광역교통 관광 망의 확충에 최우
선의 노력을 기울여야 할 것이다.

동남권의 관광 현실

동남권 관광사업체 수는 2018년 기준 4,065개로 전국
대비 비중은 12.2%에 불과하고 국내 관광사업체 절반 이상
이 수도권(50.8%)에 밀집해있다.

경제권역별 관광사업체수

구분	경제권역	사업체수	비중(%)
1	수도권	16,988	50.8
2	동남권	4,065	12.2
3	호남권	3,616	10.8
4	대경권	2,642	7.9
5	충청권	2,487	7.4
6	제주권	2,251	6.7
7	강원권	1,403	4.2
전국합계		33,452	100

주: 2018년 기준
자료: 문화체육관광부(관광사업체 조사)

전국 관광사업체 중의
34.6%에 달하는 11,561개
가 서울에 집중되어 있고 경
기(13.2%), 제주(6.7%)가 2, 3
등을 차지한 가운데 (5.9%)과
경남(4.9%), 울산(1.4%)은 존
재감마저 미미한 상황이다
(백충기, 2020).

세부업종별로는 동남권
전체 관광사업체 중 절반이
넘는 2,117개가 여행업인 것

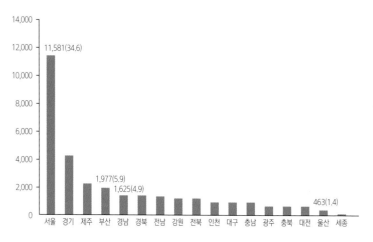

시도별 관광사업체수

주: ( )내는 전구대비 비중, 2018년 기준   자료: 문화체육관광부(관광사업체 조사)

으로 나타났다. 다음으로는 유원시설업, 관광객이용시설업, 관광편의시설업이 각각 500~600개 수준으로 조사되었으며 관광숙박업(278개), 국제회의업(86개), 카지노업(2개)은 상대적으로 많지 않았다.

　종사자 수의 경우 여행업(7,707명)과 관광숙박업(7,693명)이 각각 30% 정도의 비중을 차지하고 있는 것으로 나타났다. 다음으로 관광편의시설업(5,219명), 유원시설업(3,331명), 관광객이용시설업(1,675명) 순이었으며 카지노업(776명)과 국제회의업(761명) 종사자 수는 1,000명을 하회하는 수준으로 조사되었다.

한편 관광사업체당 관광사업 종사자 수는 카지노업이 388명으로 가장 높은 것으로 나타났다. 반면 여행업의 경우 3.6명에 불과하여 세부업종 가운데 가장 적은 것으로 분석되었다(백충기, 2020).

그런데 부울경 지역은 수도권에 비해 관광사업체 수도 적지만 규모도 적고, 특히 문제인 것은 이들 업체들이 주로 여행이나 숙박 등 1차적인 여행업에 몰려 있다는 점이다. 결국 최신의 관광의 트렌드를 따라가지 못하는 영세한 관광업체들만으로는 부울경 통합관광의 미래는 제한적일 수밖에 없다.

세부업종별 관광사업체수

구분	동남권	부산	울산	경남
여행업	2,117(52.1)	1,197(60.5)	232(50.1)	688(42.3)
유원시설업	595(14.6)	227(11.5)	91(19.7)	277(17.0)
관광객이용시설업	498(12.3)	163(8.2)	36(7.8)	299(18.4)
관광편의시설업	488(12.0)	174(8.8)	80(17.3)	234(14.4)
관광숙박업	278(8.8)	154(7.8)	15(3.2)	109(6.7)
국제회의업	86(2.1)	60(3.0)	9(1.9)	17(1.0)
카지노업	2(0.0)	2(0.1)	0(0.0)	0(0.0)
합계	4,065(100.0)	1,977(100.0)	463(100.0)	1,625(100.0)

(개, %)

주: ( )내는 전구대비 비중, 2018년 기준   자료: 문화체육관광부(관광사업체 조사)

세부업종별 관광사업 종사자수

구분	동남권	부산	울산	경남
여행업	7,707(28.4)	4,570(30.2)	785(29.0)	2,352(25.2)
유원시설업	7,693(28.3)	4,778(31.6)	434(16.0)	2,481(26.6)
관광객이용시설업	5,219(19.2)	3,046(20.2)	734(27.1)	1.439(15.4)
관광편의시설업	3,331(12.3)	947(6.3)	570(21.0)	1,814(19.4)
관광숙박업	1,675(6.2)	393(2.6)	157(5.8)	1,125(12.0)
국제회의업	776(2.9)	776(5.1)	0(0.0)	0(0.0)
카지노업	761(2.8)	604(4.0)	29(1.1)	128(1.4)
합계	27,164(100.0)	15,114(100.0)	2,710(100.0)	9,340(100.0)

(명, %)

주: ( )내는 전구대비 비중, 2018년 기준   자료: 문화체육관광부(관광사업체 조사)

부울경 관광, 이렇게 살리자

우선 부울경 관광은 지역적 연계성을 극대화하여 시너지 효과를 내야 한다. 부울경의 해양자원을 연동시킨 남동해안 관광벨트와, 경남의 지리산과 울산의 영남알프스를 연계하는 산악관광벨트, 부산·울산·경남의 사적지와 자연환경을 활용한 문화·체험 관광벨트를 구축해야 한다(문화체육관광부, 2011).

도시별로 살펴보면, 부산은 동북아 크루즈 관광의 허브로 만들고, 남해안의 해양자원을 활용한 해양·휴양 상품을

육성해야 한다. 특히 부산의 MICE 산업을 토대로 고부가가
치 관광 자원(의료관광, 영상 관광 등)을 개발해야 한다. 울산은
영남알프스의 산악관광을 활성화하되 고래, 산업관광을 결
합시켜서 특성화해야 한다. 경남은 한려해상의 뛰어난 관광
자원을 활용해서 부산과 연계된 해양관광 벨트를 구축하고,
가야·신라·불교 문화 등 문화관광 기반을 잘 구축해야 한다.
그리고 이 모든 자원들은 벨트를 따라 이동 가능하도록 설계
되어야 한다.

일본 간사이 광역연합에서 배운다

간사이 광역연합은 2010년 설립된 일본 최초의 광역연합으로 오사카부, 교토부, 사가현 등 일본 관서지방 2부 5현의 지자체로 구성되어 있다. 수도권 집중에 대응하고 분권과 지방경쟁력 강화를 위해 광역관광·문화, 광역방재, 광역산업진흥, 광역의료, 광역환경보전, 자격시험·면허, 광역직원 연수 등 7개 분야 광역 업무에 대한 본부기능을 수행한다.

간사이 지역의 광역협력사례는 우리 정부를 비롯해 많은 지자체들의 벤치마킹 대상으로 꼽힐 만큼 성공적으로 평가된다. 특히 관광 분야의 성과는 눈부시다. 일본 제2의 도시인 오사카는 2013년까지 부산보다도 외래관광객이 적었지만 최근 수도인 도쿄의 관광객 증가율을 뛰어넘었을 뿐 아니라 2017년 외래관광객 1,150만 명으로 도쿄의 84% 수준까지 따라잡았다. 연간 관광 수입은 9조 원으로 2조 3,000억 대인 교토부의 관광 수입과 합치면 11조 원을 훌쩍 넘는다. 2017년 4월에는 광역 관광 기능의 강화를 위해 관광 업무를 분리하고 간사이 국제관광추진본부와 간사이 지역진흥재단과의 통합을 통해 간사이관광본부를 출범하였다(윤태환, 2018).

어떻게 할 것인가

부산·울산·경남을 통합하여 하나의 관광권역으로 설정해야 한다. 동남권 광역교통체계를 구축하고 이와 연계한 광역관광 루트를 개발해야 한다. 성별, 세대별 취향을 감안하고, 최근 온택트 비대면 트렌드를 감안한 관광 상품을 개발해야 할 뿐 아니라 새로운 광역 도시브랜드와 슬로건도 만들어야 한다. 광역차원의 해외 홍보·마케팅 활동도 뒤따라야 한다. 또 동남권 관광활성화를 위해 통합 관광카드(교통, 및 관광지입장료 할인 등)를 출시하는 것은 매우 필수적 전략이다.

사실 부울경 권역의 관광활성화를 위해 부울경 지자체가 함께 동남권 광역관광본부를 2019년 신설했다. 동남권관광협의회의 산하 조직인 광역본부는 2년마다 바뀌는 협의회 간사 도시에 설치하기로 했는데, 2020년까지는 부산에 둔다. 영도구 부산관광기업지원센터(씨사이드컴플렉스)에 사무실을 조성하고 울산·경남에서 전담 공무원을 파견했다.

동남권 광역관광본부는 '동남권 광역관광 활성화 방안 수립 용역'을 통해 동남권 관광 현황 조사·분석, 국내외 관광개발 및 콘텐츠 개발, 지역관광 추진조직 육성, 동남권 광역관광 로드맵 제시, 국비 사업과 연계한 장·단기 추진 전략 등을 마련하여 향후 10년간의 동남권 광역관광 비전을 제시할 것으로 보인다.

　그러나 이는 그야말로 걸음마 단계 수준이다. 부산은 물론 울산과 경남의 관광을 통해 하나의 권역으로 자리를 잡고 하나의 '관광공동체'로 성장하기 위해서는 부울경 지역의 물리적이고도 화학적 통합이 불가피하다. 행정통합도 당연히 그 선택지 중 하나가 될 것이다. 이러한 모든 노력의 출발은 당연히 부울경 '메가시티'가 될 것이다.

영화도시 부산에서
영화영상지구 부울경으로

주유신
영산대 웹툰영화학과

영화창의도시 부산?

부산은 이미 '유네스코 영화 창의 도시' '아시아 영상 중심 도시'로 발돋움했다. 부산국제영화제를 필두로 3개 이상의 국제영화제, 4개 이상의 국내영화제가 개최되고 있고, 영화진흥위원회 등 영화영상 관련 정부 기관들도 부산에 터를 마련했으며, 매년 약 70여 편의 영화 및 드라마, CF의 로케이션 촬영을 유치하고 있다. 2023년에는 부산시 기장군에 종합촬영소가 완공될 계획이다. 이와 같이 세계적인 영화도시를 자임하는 부산이지만 그에 걸맞은 영화창작과 영화향유의 순환생태계를 위한 인프라가 골고루 갖추어졌다고 자신하는 사람은 거의 없다. 영화를 기획하고 제작하는 인력도 부족하고, 촬영·조명·미술 등 기술 스태프 인력도 두텁지 않다. 촬영 장비나 후반작업시설의 빈약함도 늘 입도마에 오르곤 한다. 부산 로케이션도 지원 수준이나 장소의 다양성에서 낮은 점수를 벗어나지 못하고 있다.

이러한 맥락에서 부울경 메가시티는 앞서 지적한 한계를 극복할 수 있는 적절한 매개체가 될 수 있다. 부울경의 장소적 다양성과 800만 인구 규모, 그리고 부울경의 영화영상 자산을 활용한다면 영화의 순환생태계가 구축될 수 있을 것이다.

업계 최고의 인재들과 프로젝트가 모이는 부울경

부울경이 최고의 영화영상지구가 되는 가장 간결한 방법은 업계 최고의 인재들과 프로젝트가 부울경 지역에 모여들도록 하는 것이다. 영화는 기획개발 → 프로덕션 → 배급/상영의 과정을 거쳐 시민들에 다가간다. 이 모든 과정들이 자체적인 생태계에서 순환되기 위해서는 자체 생태계 내에 최고의 인재들과 프로젝트가 모이도록 해야 한다. 이러한 과정은 분절적이고 단편적인 지원을 통해서는 불가능하다. 이 과정을 총체적으로 기획하고 지원할 수 있는 컨트롤타워가 필요하다. 영화영상 산업에서 이러한 컨트롤타워의 역할을 수행하는 단위는 투자배급사이다. 부울경이 함께 한다면 이와 같은 투자배급사의 창립이 가능하다. 투자배급사는 부울경 지방자치단체와 부울경 지역의 대표적인 기업들의 출자로 만들어질 수 있으며, 이 투자배급사는 영화·드라마 등 각종 콘텐츠를 제작하고 배급하는 민간회사로 만들어야 한다.

미국이 바라보는 아시아 시장과 한국

할리우드에서는 새로운 콘텐츠에 대한 수요가 지속적으로 점증하고 있다. 지금 현재 전 세계적 시장을 휩쓸만한 소재를 찾기는 쉽지 않은 실정이다. 그래서 할리우드의 경우는 전 세계적으로 소재 수급의 영역을 넓혀서 다양한 국가에서 다양한 소재를 수급하여 할리우드 방식으로 재해석해서 전 세계적 판매망을 기반으로 기획·제작하는 작업을 진행하고 있다.

요즘 잘 나가는 넷플릭스도 아시아 시장을 '빅 마켓'으로 보고 있다. 아시아 시장은 확보하기만 하면 넷플릭스의 성장세에 날개를 달아줄 '빅 마켓'이다. 아시아 시장을 확보하기 위한 중요한 전략적 요충지는 바로 한국이다. 싱가포르에서 열린 기자간담회에서 넷플릭스의 최고 콘텐츠 책임자(COO) 테드 사란도스는 "넷플릭스가 '글로벌 오리지널 영화'로 처음 투자한 작품이 봉준호 감독의 〈옥자〉였는데 이 과정에서 봉준호 감독이 한국 시장에 대한 인사이트를 줬다"며 "아시아지역뿐 아니라 전 세계적으로도 한국 영화와 TV 콘텐츠를 좋아한다. 아시아 전략의 중요한 부분으로서 한국에 큰 투자를 하려는 것"이라고 말했다.

한국 영화의 풍요 속 빈곤

봉준호 감독의 〈기생충〉이 제92회 아카데미 시상식에서 작품상, 감독상, 각본상, 국제영화상 등 4관왕에 오르면서 한국 영화가 세계 최고의 반열에 들어섰다는 자부심이 국민들 사이에 넘쳐흘렀다. 실제로 한국 영화의 쾌거임에 틀림없다.

그러나 이와 함께 한국 영화는 극장 관객의 정체 현상이나 소재의 빈곤 등의 문제점을 노출하고 있다. 한국 영화는 2013년 연간 관객 2억 명 돌파 이후 7년 동안 횡보하는 중이며, 연평균 4.2회를 관람하는 세계 최고의 영화 광팬이 한국에 모였으나 더 이상 관람 횟수가 늘기는 어려울 것으로 전망된다.

소재의 빈곤 현상은 더 심각하다. 한류를 이끌어 온 가장 핵심은 참신하고 도전적인 소재와 더불어 아시아에서 할리우드급 완성도를 가지고 있다는 것이다. 그러나 획일적인 제작 시스템, 극장 위주에서 OTT(온라인 동영상 서비스) 등 새로운 플랫폼에 대응해야 하는 등 새로운 리스크에 직면해 있다. 콘텐츠를 제대로 만들려면 지상파 인력들과 통신사업자의 자본 플랫폼이 결합해 한류를 토대로 중남미나 동남아까지 진출해야 답이 나온다. 그런데 사업자 간 이견으로 제대로 진행되지 못하고 있으며, 또한 다양한 소재에 대한 투자가 드라마에 국한됨으로써 다른 장르는 상대적으로 참신한 콘텐츠의 생산력이 현저히 위축되고 있는 상황이다.

이런 상황에서 가장 중요한 것은 재미있는 소재를 끊임없이 발굴하고 그 발굴된 소재를 각 소비자의 관점과 취향 그리고 플랫폼의 특성에 맞게 개발하여 제작하고 배급과 유통까지를 아우르는 능력을 갖추는 것이다.

부울경 투자배급사, 부울경 STUDIO

부울경 투자배급사에 대해서는 부산영상위원회 김인수 위원장의 아이디어를 주로 참고하였음을 밝히면서 그 구상에 대해 간략히 소개한다.

부울경 스튜디오는 업계 최고의 전문성과 다양성을 갖춘 인력으로 구성한다. 국내에서 기획제작의 중추적 역할을 한 인력과 해외사업에 오랜 경험을 보유한 인력들이 합류 하여 글로벌한 사업기획 및 실행능력을 확보한다.

부울경 스튜디오는 기존 투자회사와는 확연히 다른 평

가 방법을 채택한다. 기존 기획투자에서 가장 핵심이 되는 시나리오와 감독의 레퍼런스를 넘어서서 새로운 평가 방법을 실행함으로써 기획안에 대한 가시적 결과를 확인함과 동시에 감독 및 제작팀의 역량을 가시적으로 확인할 수 있는 방법을 활용한다. 시나리오 검토를 넘어 3분~5분 분량의 단편 파일럿 영상을 제작하는데, 이 단편 영상물은 장편 혹은 시리즈 전체를 함축적으로 표현하는 것으로, 이것을 통해 향후 결과물에 대한 예측이 가능하다. 아울러 감독의 역량을 평가하고 판단할 수 있다. 이 영상물을 국내외 최고의 인원으로 구성된 투자평가위원회를 통해 향후 제작 가능성 여부를 판단하는 평가시스템을 구축한다. 미국의 경우 이미 프리비주얼 기법을 통한 기획안을 통해 투자가 진행되고 있는 상황을 감안하여, 이 시스템을 국내의 제작환경에 맞추어 부울경 STUDIO만의 평가 시스템을 구축한다.

심사를 통과한 작품에 대해서는 장르와 플랫폼에 제한을 두지 않고 기획·제작을 진행한다. 영화와 드라마를 중심 콘텐츠로 하지만 뮤지컬, 웹툰, 게임 등 콘텐츠의 영역을 한정하지 않는 기획 및 제작 그리고 배급을 지향함으로써 문화 콤플렉스의 가치를 상승시켜야 한다. 기획안을 수급하는 지역적 한계와 장르적 한계를 전혀 두지 않은 형태로 진행함으로써 국내 시장만이 아니라 중국 및 아시아 전역을 시장으로 한 기획제작 시스템을 구축한다. 이를 위해 합류된 인력의 네트워크를 적극적으로 활용하고 협력적 투자 파트너를 통해 글로벌 사업영역을 구축한다.

또한 축적된 데이터를 적극적으로 활용한 평가 및 마케팅 전략을 수립한다. 기존 배급사들이 진행하는 평가 시스템과 마케팅 대행사들의 방식을 개선하여, 프로페셔널한 기획·평가·마케팅 전략을 수립하여 제작된 영상물에 대한 성공확률을 높여야 한다. 자체 데이터를 축적하여 향후 다양한 비즈니스 전략 수립 및 사업영역 진출을 위한 기반으로 삼아야 한다

그리고 OSMU(One-Source Multi-Use) 활성화를 위한 전문 인력풀을 구성한다. OSMU란 하나의 자원을 토대로 다양한 사용처를 개발해내는 것을 말하는데, 하나의 콘텐츠를 영화, 게임, 책 등의 다양한 방식으로 개발하여 판매하는 전략으로 최소의 투자 비용으로 높은 부가가치를 얻을 수 있는 장점이 있다. 처음에 기획·제작된 영상물에 대해서 다양한 플랫폼에 맞춘 버전을 기획 단계에서 동시에 고려하여 작품의 부가가치를 최대한 높일 수 있다.

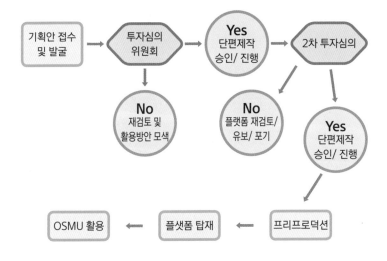

부울경 STUDIO 실행을 위해 다음과 같이 조직을 구성할 수 있다.

부산영상위원회의 영상로케이션

　영상로케이션은 영화영상 제작 부문과 관련된 영역으로 영상물의 제작이 원활하게 이루어지도록 지원하는 영상물 촬영서비스와 관련된 일체의 지원 활동을 말한다. 즉, 영상물 촬영서비스를 토대로 영화, 드라마, CF, 뮤직비디오 등 영상물의 촬영작업이 지역 내에서 이루어지도록 함으로써 지역의 영상 관련 사업이 활성화되도록 하는 것이다. 로케이션 DB 관리, 촬영 장비 지원, 로케이션 지원인력 파견, 숙박 또는 이동 지원, 기타 다양한 비품 지원 등 다양한 활동으로 구성된다. 이들 서비스는 지역영상위원회나 시군 담당 공무원들이 수행하고 있다. 로케이션은 로케이션에 의한 소비 활동이 야기하는 직접적인 경제효과, 지역에서의 영상 관련 산업의 창업 등과 같은 효과, 지역에서의 영상문화에 의한 의식 향상 및 지역에 대한 자긍심 고양 등과 같은 문화적 효과가 있는 것으로 알려져 있다. 〈블랙 팬서〉에 등장하는 광안대교의 추격씬과 자갈치 아지매의 부산 사투리에 얹혀 나타나는 수많은 한글 간판을 보면서 흐뭇해했을 부산 사람들, 신기한 듯 낯선 부산 풍경을 지켜보았을 지구촌 반대편 사람들을 떠올리면 이런 효과는 금방 짐작할 수 있다.

2019년 부산영상위원회 정기총회 자료에 따르면 2018년 영상로케이션은 장편극영화 33편, 영상물 91편을 유치했다. 부산영상위원회가 진행하는 로케이션 관련 사업으로는 로케이션 DB 관리, 프리프로덕션 스카우팅 지원, 부산로케이션 지원인력 양성, 현장방문 지원 및 안전비품 지원, 촬영장비 유지보수, 로케이션 협력기관 네트워크 사업, 영화유치를 위한 영화인 간담회, 해외작품 프로덕션 진행업무 워크샵 등이 있었다. 그리고 총회 자료집에는 개선사항으로 두 가지를 지적하고 있다. 첫째, 해외 영화 등의 대규모 촬영 유치를 위해 촬영지원 협력기관과의 상시적 교류 및 정기적인 네트워크를 강화해야 한다. 둘째, 로케이션 지원 업무의 효율적인 수행을 위한 전문적인 로케이션 인력 확보 및 원활한 지역 인력 수급이 필요하다. 이와 같이 부산영상위원회가 전국 최초의 영상위원회로서 오랫동안 노하우를 축적해 왔지만 네트워크의 부족, 전문 인력의 부재 등이 아쉬운 점으로 거론되고 있다.

부울경 공동로케이션

그런데 영상로케이션은 해당 지역의 일상적인 풍경과 장소가 영상물 촬영으로 활용될 수 있도록 독특한 촬영 배경, 영상 인프라, 관광 인프라 등의 기본적인 서비스가 함께 결합될 때 효과를 발휘한다. 따라서 부울경의 다양한 지역의 독특한 촬영 배경과 인적·물적 자원을 공동으로 관리하고 지원할 수 있는 시스템을 만들어야 한다. 사실 부산의 도시와 바다, 경남의 영남알프스 및 남해안의 풍경과 풍부한 문화자원들, 울산의 산세와 바다 자원들을 함께 활용할 수 있으면 지금보다 훨씬 다양한 소재의 영화를 유치할 수 있을 것이다.

이를 위해서는 먼저, 부산영상위원회와 경남영상위원회, 그리고 울산광역시(울산에는 아직 영상위원회가 없음)는 로케이션 촬영장소 및 협력시설 리스트, 로케이션 관련 기업 리스트, 엑스트라 리스트 등 각각의 DB를 통합하여 부울경 공동 로케이션 DB를 구축해야 한다. 그리고 이 리스트에 있는 기관들과 지속적인 네트워크를 유지할 수 있어야 한다. 이를 토대로 로케이션 헌팅투어 등도 부울경이 공동으로 진행한다면 훨씬 효과가 있을 것이다.

둘째, 부족한 영상로케이션 관련 인력을 부울경이 분담하여 양성하는 시스템을 만들어야 한다. 예를 들어 로케이션 매니저는 부산영상위원회가, 보조연기자(엑스트라) 양성은 경남영상위원회가, 특수기계 및 기자재 지원은 울산시가 중추적인 역할을 맡는 등의 역할 분담을 통해 보다 체계적이고 전문적인 지원을 할 수 있을 것이다.

셋째, 로케이션을 통해 촬영된 영화지도(movie map)를 온-오프라인으로 볼 수 있도록 해야 한다. 영화지도는 영화 및 TV 시리즈 자체를 홍보하면서 이들 영상물이 촬영된 목적지를 홍보할 수 있는 매우 중요한 도구이다. 이 활성화되면 이는 영상관광으로도 이어져 지역 이미지 향상 및 지역 마케팅 제고 수단으로 활용될 수 있다. 영상물에 소개되는 장소들은 각인된 이미지를 통해 시청자들이 그 장소를 방문하게 만들기 때문이다. 따라서 다양한 도구를 활용한 영화지도를 제작할 뿐만 아니라 제작배급사의 영상물 홍보물에 촬영지에 대한 홍보를 삽입하도록 해야 한다.

넷째, 로케이션 인센티브를 부울경이 협력하여 획기적으로 향상시켜야 한다. 부산영상위원회는 15회차 이상(2020년 한시적 10회차) 촬영한 영화와 드라마 작품에 대해 최대 4,000만 원까지 지출 비용에 대한 인센티브를 지급하고 있다. 그런데 외국은 인센티브 지급 대상을 영화와 드라마를 넘어 VR, 웹드라마 등으로 확대하고 있다. 따라서 인센티브 지급 대상을 확대할 필요가 있다. 또한 대만이나 그리스와 같이 현지지출 비용 전체의 30~40%를 지급하는 수준으로 상향 조정해야 한다.

부울경 영화영상지구의 완성

　부울경 메가시티는 영화도시 부산을 넘어 부울경을 세계적인 영화지구로 도약시킬 수 있는 매개체가 될 수 있다. 이를 위해 부울경 STUDIO와 공동로케이션 사업을 제안하였다. 부울경 STUDIO를 통해 전국의 유명 영화인들이 부산에서 활동하고, 전국 또는 전 세계 작품들이 부울경을 배경으로 만들어지는 그 날이 그리 멀지 않을 것이다. 이를 위해서는 각 광역자치단체 및 부산·경남영상위원회의 역할이 매우 중요하다. 특히 부산과 경남영상위원회의 협력이 매우 중요한데, 협력과 연대를 통한 공통의 협력 기반이 만들어지면 부울경을 아우르는 통합영상위원회의 구성도 조심스럽게 상상해 볼 수 있을 것이다.

영국에서 배우는
부울경 광역 연합 전략

차재권
부경대 정치외교학과

부울경 연합기구를 찾아서

먼저 이 글은 (사)부산 글로벌 포럼이 발간한 '2017년 정책과제집'에 게재된 내용임을 밝히면서 시작한다. 문재인 정부 출범 이후 지방분권과 균형발전에 관한 관심이 그 어느때보다 높아지고 있다. 노무현 정부의 현신(reincarnation)이라고도 할 수 있는 문재인 정부이기에 노무현 정부가 강력히 추진했던 지방분권과 균형발전에 관한 대부분의 정책들이 더욱 강화된 버전(version)으로 도입·시행되고 있다고 보아도 과언이 아닐 정도이다.

이와 같은 중앙정부의 지방분권 강화를 위한 노력은 그 혜택을 수혜하게 되는 지방자치단체에게 긍정적인 측면에서 많은 기회를 가져다주는 것이 사실이다. 하지만 과연 지방분권 강화를 위한 중앙정부의 노력이 지방자치단체에게 반드시 긍정적인 요소로만 작동하게 될 것인지는 의문이다. 지방분권에 반대하는 일부 학자들은 지방분권이 오히려 국가 전체로 볼 때 전체적인 정책집행의 효율성을 저하시킨다고 주장한다(Bardhan and Mookherjee 2000; Davoodi and Zou, 1998; Oates 1985; Parry 1997; Prud'homme 1995; Rodden 2000; Tanzi 1996; Thorton 2007; 오시환·한동효 2009; 이용모 2004; 최병호·정종필 2001). 그들이 주장하는 지방분권이 가져다주는 비효율적 측면 중에는 지방자치단체 간의 지나친 경쟁으로 인한 자원의 비생산적인 배분과 소비를 들 수 있다.

이들의 주장이 전혀 틀린 말은 아니다. 여러 가지 면에서 지방분권이 강화되어 지방자치단체의 자율성의 범위가 넓어지면서 지방자치단체 간 경쟁이 격화되는 사례가 빈번히 발생하고 있다. 대표적인 사례로 들 수 있는 것이 지역마다 이런저런 종류의 유사한 지역축제들이 만들어져 소중한 지역자원의 낭비를 가져오는 경우가 많은 것이 사실이다. 지방자치단체 간 혐오시설에 대해서는 앞다투어 유치하기를 거부하는 님비현상이 발생하고 있는가 하면, 지역발전의 계기를 가져다줄 수 있는 각종 개발 사업에 대해서는 오히려 핌피현상이 발생해 지방자치단체 간 유치를 위한 과도한 경쟁으로 눈살을 찌푸리게 하는 경우도 빈번히 생겨나고 있다.

하지만 지방분권의 강화로 인해 지방자치단체 간 경쟁과 갈등만 생겨나고 있는 것은 아니다. 자치분권시대에 맞추어 지방자치단체 간 님비 및 핌피 현상을 관리해 나가기 위한 자발적인 협력을 위한 움직임도 활발해 지고 있다. 중앙정부 또한 그러한 지방자치단체 간 협력을 강화하기 위해 광역행정체계 구축 차원에서 지방자치단체 간 협력 및 갈등관리를 위해 다양한 제도화의 노력을 기울여 오고 있다.

지방자치단체들 스스로도 지자체 간 협력을 위한 다양한 노력들을 펼쳐 왔는데, 부산, 울산, 경남을 포함하는 동남권 3개 광역 지자체들도 지방자치제도가 실시된 이후 지속적으로 상생협력을 위한 노력을 전개해 왔다. 6.13지방선거를 통해 30년 가까운 일당 독점을 불식하고 정권교체를 일구어 낸 부·울·경 3개 광역자치단체의 민선 7기 시장 및 도지사들 역시 시정 초기부터 부울경 지자체 간 상생협력의 중요성을 간파하고 광역행정 차원에서 협력체제를 구축하기 위한 노력을 펼치고 있다. 그러한 노력의 대표적인 사례가 바로 최근 동남권 신공항 건설 등 지역 현안 해결을 위해 부·울·경 3개 광역자치단체가 설치에 합의한 '동남권 공동협력기구'이다. 동남권 공동협력기구는 부산, 울산, 경남 등 동남권 지역 3개 광역자치단체장들이 상생협력을 위해 필요한 통합행정을 추진하기 위해 설치키로 합의한 지방자치단체 간 행정협의체이다. 2018년 6월 26일 6.13지방선거를 통해 동시에 권력교체에 성공한 오거돈 부산시장, 김경수 경남지사, 송철호 울산시장이 당선인 자격으로 울산도시공사 올산시장 시민소통위(인수위원회) 사무실에서 부산·울산·경남의 새로운 화합과 번영을 위한 상생 협약식을 가진 것이 계기가 되었다. 이들 3개 광역자치단체장들은 민선 7기 지방정부의 성공이라는 공동과제 실현과 문재인 정부의 성공 및 균형발전과 자치분권의 가치 실현을 위해 부울경 통합행정이 무엇보다 중요하다는 데 인식을 같이하고 이러한 협력을 제도적으로 뒷받침하기 위해 '동남권 공동협력기구'를 설치하기로 합의했다. 동남권 공동협력기구는 동남권 광역교통청 신설, 광역혁신경제권 조성, 원전안전, 신공항건설 등 다양한 지역 공동현안을 논의하기로 하고 분기별로 부시장과 부지사가 참여하는 정례회의체와 반기별로 자치단체장이 참여하는 회의를 진행하기로 했다(한겨레 신문 2018년 6월 26일).

본 연구는 지방분권의 강화에 따른 지방자치의 효율성 증대를 위한 지방자치단체 간 협력을 어떻게 활성화해 나갈 것인가에 대한 문제의식에서 출발해 그에 대한 답을 우리나라와 유사한 중앙집권적 중앙-지방정부 관계를 갖고 있으면서도 최근 대대적인 지방자치제도의 개혁을 통해 지방정부 간 협력의 새로운 모델을 구축해 가고 있는 영국의 '연합기구(Combined Authority)'에 대한 구체적인 사례분석을 통해 찾아보고자 한다. 이를 위해 본 연구는 현행 지방자치제도 아래에서 우리나라 지방자치단체 간 협력의 현 실태와 문제점을 부산·울산·경남(이하 부·울·경) 3개 광역자치단체 간 협력

사례를 중심으로 살펴보고 이를 영국의 연합기구 구축 사례 중 대표적 사례라 할 수 있는 '광역맨체스터연합기구(GMCA: Greater Manchester Combined Authority)' 사례와 비교분석한다. 아울러 본 연구는 우리나라와 영국의 지방자치단체 간 협력 사례의 비교분석의 결과를 종합하고 그에 따른 정책적 시사점을 제시한다.

지방자치단체 간 협력의 제도화 현황과 한계

우리나라의 현행 지방자치제도는 지방자치단체 간 협력을 제도화하기 위한 다양한 방안들을 구체화하고 있다. 대표적인 사례로 들 수 있는 것이 지방자치단체 4단체 협의회, 행정협의회, 지방자치단체조합이다. 먼저 현행 지방자치법 제165조는 '지방자치단체의 장 등의 협의체'에 관한 조항에서 "지방자치단체의 장이나 지방의회의 의장은 상호 간의 교류와 협력을 증진하고, 공동의 문제를 협의하기 위하여 다음 각 호의 구분에 따라 각각 전국적 협의체를 설립할 수 있다"고 규정하고 있다. 다음 각 호로 ① 시·도지사 ② 시·도의회의 의장 ③ 시장·군수·자치구의 구청장 ④ 시장·군수·자치구의회의 의장을 열거하고 있다. 이에 따라 현재 ① 전국시·도지사협의회 ② 전국시·도의회의장협의회 ③ 전국 시장·군수·구청장 협의회 ④ 전국 시·군·구의회의장협의회 등 지방 4대 협의회가 설치·운영되고 있다.

다음으로 지방자치법 제147조를 통해 규정하고 있는 지방자치단체 간 요청에 의한 행정협의의 의무화 조항에 따라 설치·운영되고 있는 행정협의회를 들 수 있다. 행정협의회는 공동으로 관리해야 하는 현안 사무를 지닌 복수의 지방자치단체가 현안 해결을 위해 협력하는 지방자치단체 간 협력체라는 점에서 상설화된 조직체에 가까운 지방자치단체 4단체 협의회와는 성격이 다르다고 볼 수 있다.

끝으로 지방자치법 제159조에 의거하여 복수의 지방자치단체가 그 권한에 속하는 특정 사무의 일부 또는 전부를 공동으로 처리하기 위해 관련 지방자치단체 간 합의에 의해 법인의 형태로 설립하는 지방자치단체조합이 있다.

하지만 지방자치단체 간 협력을 보여주는 대표적인 이 세 가지 유형 외에도 〈표 1〉에서 보는 바와 같이 지방자치단체 간 업무의 중복 방지를 통해 예산을 절감하기 위한 사무위탁이나 개별 지방자치단체 차원에서 공동사무를 공동으로 처리하기 위한 다양한 협력사업 등이 현행 지방자치제도 하에서 지방자치단체 간 협력으로 가능한 방식이다.

지방자치법 상 지방자치단체 간 협력 제도 현황

구분	행위주체	운영목적	구성·추진 절차	주요 사례	관련 규정
지방자치단체 4단체 협의회	전국 자치단체장 및 지방의회 의장	상호 교류·협력 증진, 공동 문제 해결을 위한 전국 협의체 설립	- 설립 후 신고 - 행안부 장관 및 국회에 의견 제출 - 중앙행정기관장에 통보	- 전국시도지사협의회 - 전국시도의회의장협의회 - 전국시장·군수·구청장협의회 - 전국 시·군·구의회의장협의회	지방자치법 제165조
행정협의회	개별 지자체 (공동이행)	사무 일부 공동 처리	- 규약제정 - 의회 의결 - 규약 고시 - 상급기관 보고 (10일 이내)	- 전국 다문화도시협의회 - 금강권 댐 유역 공동 발전 협의회 - 백제문화권 관광 벨트 협의회	지방자치법 제52조
지방자치단체 조합	법인	하나 또는 둘 이상 사무의 공동처리	- 규약 제정 - 의회 의결 - 상급 기관 승인	- 경제자유구역청 - 지리산권관광개발조합 - 지역상생발전기금조합	지방자치법 제159조
협력사업	개별 지자체	사무의 공동처리 또는 지원	지자체간 MOU 체결	- 광역버스 정보시스템 구축 (김천, 구미, 칠곡) - 장사시설 공동이용 사업 (공주, 부여, 청양) - 세종대왕 힐링 100리길 조성	지방자치법 제147조
사무 위탁	수탁 지자체	업무 중복 방지 등 예산 절감	- 규약 제정·고시 - 상급기관 보고	- 사업용 자동차 운수 종사자 위탁교육 실시 (충남, 세종) - 음식물쓰레기 위탁 처리 - 밀양댐 상수원 수질 보전 관리	지방자치법 제151조

출처: 행정자치부 자치행정과 보도자료(2017년 5월 1일) 및 지방자치법을 참고하여 작성.

지방자치단체 4단체 협의회

　지방자치법 제165조 제1항은 "지방자치단체의 장이나 지방의회의 의장은 상호 간의 교류와 협력을 증진하고 공동의 문제를 협의하기 위하여" ① 시·도지사, ② 시·도의회의 의장, ③ 시장·군수·자치구의 구청장, ④ 시·군·자치구의회의 의장 등의 구분에 따라 전국적 협의체를 각각 설립할 수 있다고 규정하고 있다. 또한 제2항은 여기서 한발 더 나아가 제1항에 규정된 네 가지의 전국적 협의체가 모두 참가하는 지방자치단체 연합체를 설립할 수 있다고 규정하고 있다. 이처럼 지방자치법 제165조가 명시한 지방자치단체 장이나 지방의회의 의장이 참여하는 전국적 협의체 혹은 그것들의 연합체는 제4항과 제6항의 규정에 따라 지방자치에 직접적인 영향을 미치는 법령 등에 관한 의견을 행정안전부장관 혹은 국회에 제출할 수 있고 장관은 제출된 의견을 관계 중앙행정기관의 장에게 통보해야 한다고 규정함으로써 지방자치단체 협의체 혹은 연합체의 지방자치사무에 대한 의견 제출권과 그에 따른 관계 기관장들의 의무를 명시하고 있다.

　지방자치단체 4단체 협의회는 이처럼 지방자치법상의 공식적인 중앙정부-지방정부 간 협의 기구인 동시에 지방자치단체 간 협력의 제도적 창구 역할을 한다. 하지만 현재의 지방자치의 현실에서는 이런 종류의 협의회들이 중앙정부에 대해 갖는 권한과 영향력은 미미한 수준이라 할 수 있다. 아울러 지방자치단체 간 협력에 있어서도 형식적인 측면에 치우쳐 실질적인 협력 프로그램을 개발, 추진하거나 그에 따른 가시적인 성과를 내고 있진 못한 실정이다. 예컨대 1999년 1월 지방자치법 제165조에 근거해 설립된 전국 시·도지사협의회는 각종 국가 혹은 지역 단위의 정책과 관련된 정부 위원회에 정식 회원으로 참석할 권한이 주어지는 등 제도적인 차원에서 그 위상을 확보하고 있으며, 지방분권의 실현과 지방자치단체 간 공동사업을 체계적으로 추진하기 위해 2005년부터 자체 사무처를 발족시켜 운영해 오고 있지만 사실상 시·도지사의 장관급 지위 승격 논란만 매번 거듭되고 있을 뿐 지방분권 강화를 위한 구체적인 정책 아이디어나 성과를 내놓고 있진 못해 유명무실화 되고 있는 실정이다.

행정협의회를 통한 지방자치단체 간 협력

우리나라 지방자치법은 제8장 지방자치단체 상호 간의

관계에서 지방자치단체가 다른 지방자치단체로부터 특정 사무의 공동의 처리에 관한 요청이나 사무처리에 관한 협의·조정·승인 또는 지원의 요청을 받으면 법령의 범위에서 협력해야 한다고 규정함으로써 지방자치단체 간 협력을 사실상 의무화하고 있다. 지방자치법 제147조를 통해 지방자치단체 간 협력을 의무화한 것을 바탕으로 동법 제152조~제155조와 제158조를 통해 지방자치단체 간 협력기구인 행정협의회의 구성과 조직, 그리고 규약 등에 관해 구체적인 규정을 두고 있다.

현재 우리나라에서 이와 같은 행정협의회는 매우 다양하게 시도되고 있는데 그 현황은 다음 표와 같다. 우리나라는 2018년 5월 현재 기준으로 103개의 행정협의회를 구성·운영 중에 있으며, 이 중 68개 협의회에서 연간 약 86억 원의 부담금을 관리하고 있다.

행정협의회는 지방사무를 자치단체가 공동으로 처리한다는 점에서는 지방자치법 제159조에 근거하고 있는 지방자치단체조합과 다를 바 없지만 법인격이 존재하지 않는다는 점에서는 그것과 구별된다(국민권익위원회 2018).

우리나라 행정협의회 운영 현황(2018년 5월 기준)

계	권역별		기능별	
	광역권	기초권	광역포함	기초
103	7	41	12	43

출처: 국민권익위원회. 2018. "지방자치단체 행정협의회 부담금 관리 투명성 제고방안."
국민권익위원회 의결(2018.8.20.).

앞의 표에서 확인할 수 있는 바와 같이 2018년 현재 구성·운영 중인 103개 행정협의회 중 광역단체가 주도하는 협의회는 모두 14개인데 이 중 부산광역시가 주도하는 행정협의회는 2004년 1월 구성된 '동해안권 관광 진흥 협의회'가 유일할 정도이며, 울산의 경우에도 2017년 7월 포항, 경주 등 기초자치단체와 공동으로 구성한 '동해 남부권 해오름 동맹상생 협의회'를 주도한 것이 유일한 경험일 뿐이다. 경남의 경우에는 부산, 울산보다는 조금 더 활발한 행정협의회 활동을 하고 있는 것으로 보이는데 그런 경우에도 에서 나타나듯 경남이 직접 주도한 행정협의회 2개, 경남의 기초단체들이 주도한 협의회 3개가 전부에 지나지 않는다. 이처럼 지방자치법 상에 구체화된 지방자치단체 간 협력제도인 행정협의회 역시 지방자치단체 4단체 협의회와 마찬가지로 적어도 부·울·경 지역에서는 지방자치단체 간 협력체계 구축의 유용한 수단이 되고 있지 못하다.

우리나라 행정협의회 운영 현황(2018년 5월 기준)

광역자치단체	주도하는 행정협의회 수		
	광역단체	기초단체	합계
서울	2	12	14
부산	1	0	1
인천	0	0	0
대구	0	0	0
대전	1	0	0
광주	2	1	3
울산	1	0	1
경기	0	13	14
충북	0	6	6
충남	2	12	14
강원	1	10	11
전북	0	6	6
전남	0	16	16
경북	1	10	11
경남	2	3	5
제주	0	0	0
세종	1	0	0
전체	14	89	103

출처: 국민권익위원회. 2018. "지방자치단체 행정협의회 부담금 관리 투명성 제고방안."
국민권익위원회 의결(2018.8.20.).

지방자치단체조합

지방자치단체 간 특정 현안의 해결을 위해 법인의 형태로 설립되는 지방자치단체조합은 우리나라 지방자치법 제

159조에서 그 설립 근거를 찾을 수 있다. 지방자치조합은 매우 특별한 형식의 자치단체로서 "특정한 사무·구역·기구·재산을 갖고 독자적인 권능을 가지지만 보통 지방자치단체와는 그 성격이 달라 편의적·임시적 존재"라 할 수 있다(류지웅 2016, 63). 이와 같은 지방자치단체조합은 일종의 특별지방자치단체로서 그 구성원이 해당 지방자치단체의 주민이 아니라 지방자치단체 그 자체이며, 독자적인 법인격 하에 조직과

우리나라 지방자치단체조합 운영 현황(2014년 12월 기준)

명칭	구성원	목적	승인일자
부산·진해 경제자유구역청	부산광역시 ·경남도	부산·진해 경제자유구역 내 각종 인·허가사무 및 외자유치	'04. 1.20
광양만권 경제자유구역청	전남도·경남도	광양만권 경제자유구역 내 각종 인·허가사무 및 외자유치 등	'04. 1.20
수도권 교통본부	서울특별시·인천광역시·경기도	수도권 교통 광역교통 추진 운영	'05. 2. 4
황해 경제자유구역청	경기도·충남도	황해 경제자유구역 내 각종 인·허가 사무 및 외자유치 등	'08. 6.10
대구·경북 경제자유구역청	대구광역시 ·경북도	대구·경북 경제자유구역 내 각종 인·허가사무 및 외자유치	'08. 6.10
지리산권 관광개발조합	남원·장수·구례· 곡성·함양·산청·하동	지리산 인근 7개 시군 관광개발사업 공동 추진	'08. 9. 5
지역상생 발전기금조합	6개 시 · 도	수도권 규제 합리화 이익을 지방상생발전 재원으로 활용	'10. 5. 3

출처: 행정안전부 홈페이지(http://mois.go.kr)

권능을 향유하고 있다는 점에서 보통의 지방자치단체와는 성격이 명확히 구분된다.

이와 같은 지방자치단체조합은 현재 우리나라에서 매우 다양한 영역에서 설치, 운영되고 있는데 그 현황을 살펴보면 다음의 표와 같다. 이를 통해 알 수 있듯이 현재 우리나라에서 운영되고 있는 지방자치단체조합 수가 7개에 그칠 정도로 그 활용도가 매우 떨어질 뿐 아니라 그 또한 경제자유구역청 설립과 같은 특정 사업 목적으로 이루어지는 경우가 대부분이어서 실질적인 지방 공공서비스 제공과 관련된 지방자치단체조합 운영의 사례는 찾아보기 힘든 것이 현실이다.

특별지방자치단체로서의 '광역연합'

광역연합은 다수의 지방정부가 상설기관을 설치해 광역자치행정사무를 처리하는 제도로. 자치입법권인 조례·규칙 제정 권한과 자치사무·행정 및 인사·재정운영에 대한 독립성이 보장된다. 광역연합은 특정 공공부문에 제한된 기능을 수행하기 위해 지방정부 간 수평적으로 설치된 자치행정기관으로 지방정부 합병이나 통합과는 근본적으로 다르다. 독

일 슈투트가르트 광역연합, 캐나다 토론토 광역연합, 2010
년 설립된 일본 간사이 광역연합 등이 활동 중인데 최근에는
영국 중앙정부가 지방정부와의 '분권 협약(Devolution Deals)'
체결을 통해 광역연합과 유사한 '연합기구' 형성을 촉진하
고 있어 주목을 받고 있기도 하다. 우리나라에서는 대구·경
북 상생협력 사업을 비롯하여 부·울·경 3개 광역자치단체가
추진했던 동남권 광역연합 등을 대표적 사례로 들 수 있는데
우리나라의 경우에는 아직 이에 대한 중앙정부의 제도적 뒷
받침과 행·재정적 지원 미흡으로 광역연합 구축을 위한 노
력이 가시적인 성과를 거두진 못하고 있다. 하지만 전 세계
적인 차원, 특히 지방자치가 잘 발달된 국가일수록 행정체계
의 광역화 경향은 두드러진 하나이 경향으로 나타나고 있는
것이 사실이다.

영국의 지방정부 간
'연합기구(Combined Authority)' 구축 사례

　영국 지방정부의 계층구조는 우리나라와 유사한 형
태의 2단계 구조를 갖고 있는데, 상위자치단체(upper tier

authorities)와 하위자치단체(lower tier authorities)의 2층 구조로 나누어진 영국의 지방행정체계는 웨일즈나 스코틀랜드, 북아일랜드에서는 3층 구조로 보다 복잡하게 운영되어 왔다. 하지만 최근 이들 지방정부들은 지방행정개혁 차원에서 복잡한 3층 구조의 자치계층제를 단층구조로 바꾸어 나가는 과감한 개혁을 시도한 바 있다. 〈그림 1〉은 유럽지방자치헌장-중앙정부-지방정부로 이어지는 영국 지방자치의 구조를 나타낸 자료이고, 〈그림 2〉와 〈그림 3〉은 잉글랜드, 스코틀랜드, 웨일즈, 북아일랜드 등 영국의 지방정부의 자치계층구조를 나타낸 자료이다. 〈그림 2〉와 〈그림 3〉에 보여지고 있는 바와 같이 영국의 광역 지방정부에 해당되는 잉글랜드의 지방행정체계는 2층 구조로 되어 있는데 반해 웨일즈, 스코틀랜드, 북아일랜드 지방정부의 행정체계는 최근 지방자치 개혁을 통해 간결한 단층구조로 바뀌어가고 있다. 이는 결국 영국의 지방자치 개혁을 가능하게 만든 배경에는 복잡한 자치계층구조를 단순화하려는 중앙 및 지방정부의 노력이 전제되어 있음을 보여주는 것으로 우리나라 지방자치제도의 개혁 방향에 중요한 시사점을 던져주고 있다.

<그림 1> 영국 지방자치의 계층구조

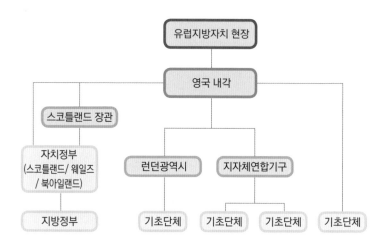

<그림 2> 잉글랜드의 지방정부 행정체계

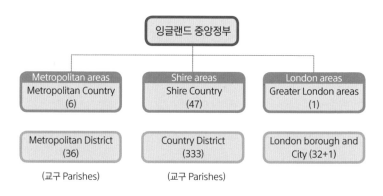

출처: Copus(2010), p.443. 한국지방세연구원 홈페이지 자료에서 재인용(www.kilf.re.kr/cmm/fms/FileDown.do; jsessionid...?atchFileId=FILE...fileSn=0, 검색일: 2018.10.10.)

희망에 대하여_부울경 메가시티

〈그림 3〉 웨일즈, 스코틀랜드, 북아일랜드 지방정부 행정체계

출처: Copus(2010), p.435. 한국지방세연구원 홈페이지 자료에서 재인용(www.kilf.re.kr/
cmm/fms/FileDown.do; jsessionid...?atchFileId=FILE...fileSn=0, 검색일: 2018.10.10.)

영국은 1835년 도시단체법에 의해 선출직 지방의회를
구성한 이후 2000년까지 기관통합형의 정부 형태를 채택하
여 유지해왔다. 즉 당시까지 지방정부 기관구성 형태가 의회
를 중심으로 한 기관통합형 한 가지로 지방의회가 곧 지방정
부였다. 지방의회는 입법기관이면서 동시에 집행기관이었으
며, 지방의회가 최고 정책기관으로서 의결권과 집행권을 가
졌다. 또한 자주입법권과 자주인사권, 자주조직권, 자주행정
권, 과세권 등을 포함한 자주재정권을 행사하였다.

그러나 1997년 노동당의 토니 블레어(Tony Blair)가 집권
하면서 지방정부의 경쟁력 강화를 위해 전통적인 기관통합
형과 더불어 지역주민들이 지방정부의 형태 중에서 선택할
수 있도록 변경했다. 블레어 정부는 1998년 스코틀랜드법
(Scotland Act 1998), 웨일즈정부법(Government of Wales Act 1998)

및 북아일랜드법(Northern Ireland Act 1998)을 제정하여 지방정부로의 권한 이양의 법적 기초를 마련하였으며, 본격적인 자치권 이양이 추진되면서 준연방주의적 국가체제로 전환을 맞이하였다. 영국의 자치권 이양은 일반적으로 헌법 및 법률로 자치권이 보장되는 연방제 국가와 달리 영국의회가 이들 지역에 대한 헌법적 주권을 그대로 유지하며, 자치권을 이양한 법률 자체의 폐지 및 수정을 통해 자치권 회수가 가능하다는 점에서 근본적 차이가 있다.

이후 1999년 광역런던법(Greater London Authority Act)이 제정되면서 최초로 기관 분리형 지방정부가 탄생을 하고, 2000년에 지방정부법이 제정되면서 다양한 형태의 지방정부가 등장하였다. 지방의원의 의견이 효과적으로 정책결정 과정에 반영될 수 있는 선출직 시장과 내각제(A Directly Elected Mayor with a Cabinet), 간선직 리더와 내각제(A Cabinet with a Leader), 선출직 시장과 관리자형(A Directly Elected Mayor and Council Manager) 등 세 가지의 지방정부 형태를 제시하였다. 이 세 가지 모형 중 어떤 모형을 선택할지에 대한 선택권은 지역 주민들에게 주어졌다.

이상에서 살펴본 영국 지방자치의 구조를 정부 간 관계 이론의 측면에서 평가해 보자면 라이트(Wright 1988)가 분류

희망에 대하여_부울경 메가시티

한 중첩권위형 모형에 속한다고 할 수 있다. 즉, 영국의 경우에는 기본적으로 중앙집권적 국가 형태를 나타내고 있긴 하지만 각 층위의 정부 간에 영역이 중첩되어 있을 뿐 아니라 중첩된 영역을 제외한 나머지 영역에서 각 층위의 정부들이 지니는 고유 영역이 그다지 크지 않다는 점을 알 수 있다. 따라서 영국이 최근 보여주고 있는 대대적인 지방자치제도의 개혁과정은 영국 지방자치에서의 정부 간 관계의 이와 같은 특성이 반영된 결과로 볼 수 있다.

영국 정부는 지방자치 제도의 전면적 개선을 주도하면서 지방자치단체 간 협력 또한 지방정부의 의지에 따라 자율적으로 이루어질 수 있도록 관련 법률을 정비했다. '2009년 지방 민주주의·경제발전·건설 법'(The Local Democracy, Economic Development and Construction Act 2009)을 제정했는데 동 법률은 2개 이상 복수의 지방자치단체들로 구성되는 지방자치단체 연합기구(Combined Authority)의 설립 및 지방자치단체 간 협업(joint working)을 허용하는 법적 근거를 마련해 줌으로써 지방자치단체 간 협력을 증진할 수 있는 제도적 기반을 마련하였다. 또한 2016년에는 여기에서 한발 더 나아가 '도시·지방분권법(The Cities and Local Government Devolution Act 2016)을 제정해 지방자치단체 연합기구(CA)가

직선제로 자체의 시장을 선출할 수 있도록 정치적 권한을 부여하였을 뿐만 아니라 CA에 주택·도시계획·교통 등의 분야에서 행정 및 집행 권한을 이양할 수 있도록 법적 근거를 마련하고 실질적인 권한 이양이 순조롭게 진행될 수 있도록 중앙정부와 CA 간 '분권 협상(Devolution Deals)'을 통해 합의가 이루어져야 한다는 조건을 명시하기도 했다(대한민국시도지사협의회 2018, 5).

영국 정부의 이와 같은 과감한 분권화 정책과 지방자치단체 간 협력 강화를 위한 제도 개선의 노력에 힘입어 영국에서는 2011년 10개의 기초지자체 'District Councils'(맨체스터 지자체 포함)들이 연합해 '범 맨체스터 지자체 연합기구(Greater Manchester Combined Authority)'를 처음으로 설립한 이후 다음 표 5에서 보는 바와 같이 모두 9개의 연합기구가 설립·운영 중에 있다. 이들 중 7개의 연합기구는 중앙정부와 보장된 분권 협상을 체결하고 직선시장까지 선출한 바 있다(National Audit Office 2017, 39).

이를 통해 살펴본 9개의 연합기구들은 저마다의 지역 특성에 따라 연합기구가 지향하는 목표, 조직 구성 및 운영 방식이 매우 다양하다. 영국형 지방자치단체 간 협력의 산파 역할을 담당했던 GMCA의 경우에는 보다 광범한 광역거버

희망에 대하여_부울경 메가시티

연합기구 (설립일)	연합지자체수 (협력파트너)	직선시장 (선출일)	분권협상 체결일	홈페이지
Greater Mancherster (2014.4.1.)	10개 지자체	Andy Burnham (2017.5.4.)	2014. 11.3	https://www.greatermanchester-ca.gov.uk/
Liverpool City Region (2014.4.1.)	6개 지자체 (2개 지자체, 1개 LEP)	Steve Rotheram (2017.5.4.)	2015. 11.17	http://liverpoolcityregion-ca.gov.uk/PageInfo.aspx?who-we-are
Sheffield City Region (2014.4.1.)	4개 지자체 (5개 지자체, 1개 LEP)	2018년 5월 선출(예정)	2015. 10.5	https://sheffieldcityregion.org.uk/
West Yorkshire (2014.4.1.)	5개 지자체 (1개 지자체, 1개 LEP)	–	–	https://www.westyorks-ca.gov.uk/
North East (2014.4.8.)	7개 지자체 (1개 LEP)	–	–	https://northeastca.gov.uk/
Tees Valley (2016.4.1.)	5개 지자체 (1개 LEP)	Ben Houchen (2017.5.4.)	2015. 10.23	https://teesvalley-ca.gov.uk/
West Midlands (2016.6.17.)	7개 지자체 (10개 지자체, 3개 LEP)	Andy Street (2017.5.4.)	2015. 11.17	http://wmca.org.uk/
West of England (2017.2.9.)	3개 지자체 (1개 지자체, 1개 LEP)	Tim Bowles (2017.5.4.)	2016. 3.16	https://www.westofengland-ca.gov.uk/
Cambridgeshire and Peterborough (2017.3.3.)	7개 지자체 (1개 LEP)	James Palmer (2017.5.4.)	2016. 11.22	http://www.cambspboroca.org/

출처: 대한민국시도지사협의회(2018), p.7.

넌스형의 연합기구로 교통, 경제발전, 도시재생, 주택 등 다양한 정책분야에서의 협력을 추구해 나가고 있지만 리버풀, 세필드, 웨스트 요크셔 등 다른 연합기구의 경우에는 지자체뿐만 아니라 비즈니스 영역과의 파트너십을 강조하고 있어 지방자치단체 간 협력 이론에 있어 파트너십이론이나 공동생산이론이 적용 가능한 사례라고도 볼 수 있다. 본 연구에서는 지면상의 한계로 9개 사례에 대해 구체적인 분석을 하기는 어려우므로 GMCA의 경우를 중심으로 구체적인 운영 현황을 살펴보기로 한다.

범 맨체스터연합기구(GMCA: Greater Manchester CA)의 경우 볼튼, 맨체스터, 로크데일, 스톡포트 등 10개의 지방자치단체들이 자발적인 협력을 통해 연합기구를 형성한 경우이다. 범 맨체스터연합기구는 설립 이후 2015년 11일 26일 연합기구의 자체 헌장을 마련했는데 헌장의 제2장 1절과 2절은 은 GMCA가 연합지역의 교통, 경제발전 및 재생과 관련된 영역으로 국한되어 있음을 명확히 규정하고 있으며, 제3절은 GMCA가 법률과 헌장(the law and this Constitution)에 부합하는 방식으로 그것의 권한과 의무를 다할 것임을 명시하고 있다. 헌장의 제4장에는 연합기구의 시장이 의장의 직무를 대행한다는 규정과 함께 3명의 부의장을 임명토록 규정하고 있다. 헌장의 제5장은 연례총회(Annual Meeting), 일반회의(ordinary meetings), 특별회의(extraordinary meetings)의 세 가지 유형의 회의 양식을 규정하고 있으며, 헌장 제8장은 GMCA 내 각종 위원회에 대한 규정을 별도로 마련하고 있다. 한 가지 흥미로운 점은 헌장의 제11장에 의사결정(Decision Making) 방법에 대한 구체적인 규정을 마련하고 있다는 점인데 이는 10개 회원 지자체 간에 관련 현안에 대한 합의 도출이 어려운 점을 감안하여 의사결정 과정을 원활하게 하기 위해 의사결정의 기본규칙을 정해 둔 것으로 보인다. 이처럼 GMCA는 단순한 복수의 지자체 간 협의기구를 넘어서 고도로 제도화된 형태의 의사결정기구이자 일종의 주권체로 자리매김하고 있음을 알 수 있다. GMCA 헌장은 이후 2017년 6월 30일 한 차례 총회에서 수정을 거쳤으며 2018년 6월 총회에서는 수정 없이 2017년 수정 헌장이 그대로 유지되어 오고 있다.

GMCA와 같은 영국형의 지방자치단체 간 협력 모형이 갖는 강점은 협력의 수준과 범위를 소속 지자체들이 협력 가능한 교통, 경제정책, 재생 등의 정책 영역에 한정하고 실행 가능한 범위를 벗어나지 않도록 제한하고 있다는 점이다. 이는 연합기구가 과도한 의욕을 발휘해 협력 분야를 과도하게 넓게 잡을 경우, 지자체 간 합의를 도출하기 어려울 뿐만 아니라 정책의 실행력도 저하될 수밖에 없다는 현실적인 판단에서 비롯된 제도 선택이라 할 수 있는데, 이런 조심스러운 접근 방식이 GMCA와 같은 영국형 지방자치단체 간 협력 모형이 장기적인 지속성을 갖고 성공할 수 있게 하는 요인으로 작용하고 있다. 다음으로, GMCA 헌장이 증명하고 있듯이 연합기구가 단순한 협의 수준에 머물지 않고 소속 지자체들에게 나름대로 구속력 있는 제도적인 장치로 작동할 수 있도록 권한의 범위와 조직 운영 및 의사결정의 원칙 등을 매우 정교하게 규정하고 있는 코드화된 규정을 제정하여 강제하고 있다는 점이다. 이는 영국의 지방자치단체 간 협력이 보다 제도화된 형태로 전개되고 있음을 보여주는 것이다. 끝으로, GMCA로 대표되는 영국의 지방자치단체 간 협력은 지자체 간 협력을 규범적인 차원에서만 다루는 것이 아니라 구체적인 실행 조직을 구성하여 각종 회의를 통해 결정되는 정책들이 실천에 옮겨질 수 있도록 하고 있다는 점에서 특별한 유형의 임의적인 지방자치단체 간 협력기구임이긴 하지만 사실상 지방정부에 가까운 역할을 수행하고 있어 향후 헌장상에 규정된 협력의 범위와 수준을 계속 강화해 나갈 경우 실질적인 광역자치정부로까지 발전할 가능성이 있음을 보여

희망에 대하여_부울경 메가시티

준다. 실제로 2016년 6월 제정 당시의 헌장에는 주택분야가 빠져 있지만 2018년 헌장에는 주택분야에서의 공동정책이 재생분야와 함께 GMCA의 주요 정책분야로 규정되어 있다. 향후 교육, 의료, 보건, 복지 등 다양한 분야로 GMCA의 협력 범위가 확대되어 나갈 가능성을 충분히 짐작해 볼 수 있는 부분이다.

이상에서 살펴본 바와 같이 영국 지방자치에 있어 지방자치단체 간 협력은 지방자치단체들의 현실적 필요에 의해 협력 가능한 분야에서 소속 지자체의 자치권이 손상되지 않는 범위 내에서 자율적으로 이루어지고 있다는 점에서 제도화의 수준과 향후 발전 가능성이 매우 높다. 영국 중앙정부 혹은 연합기구의 관리 권한을 가진 상위 정부는 연합기구에 대해 분권 협상(Devolution Deals)을 체결함으로써 중앙정부의 권한을 지방정부 혹은 그것의 연합기구로 과감하게 이양하면서 지방자치단체의 자치권을 강화해 주고 있어 사실상 연합기구 형성의 촉진자 역할을 수행하고 있다. 이와 같은 수직적, 수평적 차원에서의 과감한 분권화를 통한 광역거버넌스의 구축 사례는 광역지방자치단체 간 연합 형성을 위한 노력을 강 건너 불구경 보듯 하고 있거나 혹은 제도적인 견제장치를 통해 오히려 가로막고 있는 우리나라의 경우와 뚜렷한 대조를 보이고 있어 시사하는 바가 크다 할 것이다.

우리나라 광역연합' 구축을 위한 협력 사례

우리나라의 지방자치 현실에서는 앞서 살펴본 바와 같이 지방자치법이 보장하고 있는 지방자치단체 간 협력을 가능케 하는 다양한 제도적 장치들이 사실상 유명무실화되는 경향이 강하게 나타난다. 이러한 현실에 직면한 우리나라 지방자치단체들, 특히 광역자치단체들은 지방자치단체 간 실질적인 협력 관계를 강화해 나가기 위한 노력을 지속적으로 펼쳐 왔다. 부·울·경 3개 광역자치단체 간 광역연합 형성을 위한 노력이나 대구광역시와 경상북도가 지속적으로 추진해 오고 있는 대구·경북 상생협력을 위한 사업이 대표적인 경우라 할 수 있다.

먼저 부·울·경 3개 광역자치단체 간 광역연합 형성을 위한 노력부터 살펴보기로 한다. 부·울·경 3개 광역자치단체는 환태평양 경제권의 관문지역으로 우리나라에서 두 번째로 경제 규모가 큰 지역이라는 점에서 지방자치단체 간 협력에 따른 경제적·행정적·사회문화적 시너지 효과가 다른 지역의 광역경제권 형성 노력에 비해 클 수밖에 없다. 따라서 부·울·경 3개 광역자치단체는 동남권 지역의 광역경제권을 형성하기 위해 오래전부터 지방자치단체 간 협력의 수준을 제고해 왔는데 특별지방자치단체라 할 수 있는 '동남광역연합' 구축을 위한 노력이 대표적인 사례라 할 수 있다.

광역경제권 혹은 광역 거버넌스에 대한 관심이 본격화되면서 지방자치단체들이 앞다투어 공동 연계협력사업에 나서기 시작한 것은 이명박정부가 출범하면서 지역발전정책의 방향을 지역 간 연계협력사업 중심으로 전환하기 시작하면서부터이다(권오혁 2015, 450). 이러한 분위기에 힘입어 부·울·경 3개 광역자치단체 또한 동남권 광역경제권 연계협력사업에 관심을 갖게 되는데 경상남도의회는 동남권 광역연합 형태의 특별지방자치단체를 지향하는 동남권 연계협력사업을 선도적으로 제안한 바 있다. 물론 동남권 차원의 지방자치단체 간 협력에 대한 관심이나 노력이 이전에도 없었던 바는 아니다. 부·울·경 3개 광역지자체는 2013년 경상남도의회의 제안으로 본격적으로 동남광역연합 형성을 위해 노력하기 전부터 꾸준히 다양한 종류의 동남권 공동사업을 펼쳐 왔다. 따라서 2013년 경상남도의회가 제안한 동남광역연합 제안은 어쩌면 그런 노력의 결과물이라 할 수 있다.

먼저 경제산업분야에서 부·울·경 3개 광역자치단체는 동남권 경제관계관 회의를 통해 2005년 2월부터 2011년 9월까지 기업지원 관련 공동사업 23개, 공무원 교육 및 네트워크 구축 사업 등 18개 등 총 41개의 공동사업을 추진한바 있다. 하지만 동남권 '경제관계관 회의' 추진 공동사업은 실무자간 교류 협력이라는 한계에 머물렀던 까닭에 각 광역지자체의 정책 기조 및 산업기반의 차이 등으로 인해 실무 수준에서의 협의 및 조정조차 어려움을 겪을 정도로 협력의 수준이 낮았다. 이러한 비판이 제기되는 가운데 2012년부터 동 사업은 영남권 경제관계관 회의로 사업이 확대 추진되면서 중단되기에 이르렀다.

경제산업분야의 협력사업에 비해 교통분야의 공동협력사업은 2005년 10월 '부·울·경 광역교통실무협의회'(2005년 10월)를 구성해 부·울·경 3개 광역지자체 외에 창원, 마산, 김해 등 6개 기초자치단체가 협의를 통해 광역교통정책 개발을 추진해 나갔으며, 그런 성과를 바탕으로 2012년 5월 동 협의회를 '동남권 광역교통본부'로 격상, 운영하는 등 상당한 성과를 거둔 바 있다.

관광분야에 대한 협력도 실질적인 진전을 가져온 분야라 할 수 있는데 2001년 7월 동남권관광협의회가 부·울·경

3개 광역지자체 협의회 회원 각 5명과 실무위원 각 5명 등 30명으로 구성되어 공동설명회, 박람회 공동 참가, 초청 팸투어 공동상품 개발 등 다양한 공동협력사업을 펼쳐왔다.

이 밖에도 동남권 광역경제위원회가 주최를 하여 '2013년 부산·울산·경남 방문의 해' 사업을 계획하여 부울경 관광테마열차 사업, 중국 내 공동홍보관 운영 등 다양한 공동사업을 펼치기도 했다. 동남권 광역경제위원회가 2010년부터 3년 단위로 추진했던 동남권 광역연계협력사업 또한 시도 간 연계협력을 촉진하고 지역 경쟁력 제고를 위해 추진한 사업으로 제조업 분야에만 치중되었다는 한계에도 불구하고 지방자치단체 간 협력을 구체화한 대표적인 사례로 꼽히고 있다.

2013년 경상남도의회의 제안으로 동남권 광역연합 구축을 위한 다양한 동남권 연계협력사업들은 대부분 광역 거버넌스 체계의 핵심이라 할 수 있는 동남권 광역경제발전위원회를 중심으로 이루어졌다. 하지만 권오혁(2015) 등의 연구에서 지적되고 있듯이 동남권 광역경제발전위원회는 그것이 지닌 시의성에도 불구하고 사업의 내용이나 성과의 측면에서는 동남권 광역연합을 추동해 내기에는 부족한 면이 많았다. 권오혁(2015)은 동남권광역경제발전위원회가 조직, 예산,

권한의 문제뿐만 아니라 성격과 기능에 있어서도 많은 문제를 노정하고 있어 이명박정부의 퇴장과 더불어 그 기능을 다할 수밖에 없는 근본적인 한계를 지니고 있었다고 비판한다.

이명박 정부와 박근혜 정부의 지역발전정책은 수도권 규제완화를 강조하는 등 몇 가지 부분에서 유사점을 갖고 있기도 했지만 기존 정권들에서 지속적으로 강조되어오던 광역경제권 중심의 개발계획에서 벗어나 '지역행복생활권'의 관점에서 지역발전의 문제를 바라보기 시작했다는 점에서는 이명박 정부와는 다른 지역발전의 공간단위에 대한 인식을 갖고 있었다. 두 보수정권 지역발전정책의 이와 같은 차이는 이명박 정부 지역발전정책의 핵심 개념인 광역경제권과 박

지역행복생활권과 광역경제권의 비교

구분	광역경제권	지역행복생활권
목적	광역단위 글로벌 경쟁력 제고	서비스 연계→삶의 질 개선
권역설정	정부주도 인위적 권역 설정	지자체 간 자율적 합의
권역단위	2~3개 시·도를 하나의 광역경제권으로 지정	주민 생활범위, 서비스 위계 등을 감안해 주변 시·군 연계
추진기구	광역경제권발전위원회	시·도(조정), 시·군·구(생활권 형성)
권역단위	광역선도산업, 거점대학 육성, 30대 선도프로젝트	도시재생, 농어촌중심지 활성화, 창조적 마을 만들기, 지역공동체 육성, 지역산업 및 일자리, 지역인재와 지방대학 육성, 문화·환경 및 복지·의료

출처: 송미령(2013)

근혜 정부 지역발전정책의 핵심 개념인 행복생활권의 차이
를 나타낸 앞의 표에서 확인되고 있다.

박근혜 정부의 지역발전정책은 지역주도적이며 상향식
지역발전을 추구하고, 기존의 광역경제권 중심에서 지역행
복생활권 중심으로 지역발전의 공간단위를 축소하며, 기존
부처별 지원방식에서 벗어나 맞춤형·패키지형으로 지원방
식을 바꾸었다는 점에서 기존의 지역발전정책과는 구별되는
것이었다(차재권 2017, 36). 하지만 지역발전정책의 이와 같은
갑작스러운 기조 변화로 인해 사실상 박근혜 정부 시기에는
부·울·경 광역지자체 간 협력사업은 거의 빈사상태에 놓이
게 되었다.

문재인 정부는 이런 점에서 노무현 정부에서부터 시작
되어 이명박 정부에 이르러 꽃을 피웠던 광역경제권 형성을
위한 지방자치단체 간 협력에 새로운 활기를 불어넣었다. 비
록 문재인 정부가 균형발전보다는 자치분권에 더 역점을 두
고 있어 문재인 정부의 균형발전정책이 정확히 어떤 지향점
을 갖고 있는지에 대한 의문이 제기되고 있긴 하지만 문재인
정부 들어 여당 의원이 대표 발의한 국가균형발전 특별법 개
정안의 주요 내용에 지역생활권의 개념을 기초생활권으로,
경제협력권의 개념을 광역협력권으로 명시되는 등 지방자치

단체 간 연계와 협력을 강조하는 광역협력의 개념을 되살리고 있다는 점에서는 고무적인 분위기가 마련되고 있다고 볼 수 있다(이정석 2017).

문재인 정부 출범과 더불어 달라진 분위기를 반영하듯 박근혜 정부에서 제대로 추진되지 못했던 부·울·경 광역지자체 간의 상생협력을 위한 노력이 해당 지역의 광역자치단체장들이 모두 더불어민주당으로 바뀌어 지방정권교체가 이루어지면서 더 강화되고 있다.

부·울·경 광역지자체 간의 상생협력은 6.13지방선거 이후 각 지역에 새로운 지방정부가 들어서면서 매우 빠른 속도로 추진되고 있다. 부·울·경 광역단체장들은 지방선거가 얼마 지나지 않은 시점에서 전격적으로 만나 동남권 지역 각종 공동현안에 대해 공동 대응해 나가기 위해 부·울·경 광역지자체 간 상생협력 체계를 강화해 나갈 것을 다짐하면서 상생협약식을 가졌다. 이후 10월 10일에는 3개 광역단체장들이 민선 7기 100일 출범을 기념하는 토크콘서트에 참석하여 3개 지방자치단체가 상생협력을 위한 공동의 노력을 계속 기울여 나갈 것을 다짐하는 차원에서 '동남권 상생발전 결의문'의 발표하기도 했다.

특히 부·울·경 광역지자체 간의 상생협력 분야에서의

실질적인 진전은 동남권 신공항 건설에 대한 공동 대응, 부·울·경 광역교통망 구축, 시급한 지역 현안인 광역교통체계 구축 사업을 중심으로 빠르게 추진되고 있다. 2018년 8월 부·울·경 광역지자체들은 6.13지방선거 이후 광역단체장들이 약속한 광역교통 분야에서의 상생협력 문제를 논의하기 위해 3개 광역자치단체의 교통정책 관계자들이 참석한 가운데 '광역교통업무 추진 회의'를 개최하고, 그 자리에서 광역교통문제 해결을 위한 실무협의체를 구성하기로 합의했다. 이 자리에서 경상남도는 시·도 간 운행하는 시내버스 주요 회차 지점에 광역환승센터를 조성하자는 실질적인 실천적 제안을 내놓기도 했다. 또한 동 회의에서는 김해·양산~부산 간에 시행해 오던 광역환승제를 양산~울산 노선으로 확대하자는 의견이 제시되기도 하는 등 활발한 논의가 이루어졌다. 이외에도 부산광역시와 울산광역시가 각각 제안했던 남해안 고속화 철도 조기 개통과 동남권 광역철도 건설에 대해서는 필요할 경우 실무협의체에서 계속 논의해 나가기로 하는 등 활발한 논의를 펼쳤다. 또한 3개 광역자치단체는 행정기관, 연구원, 대학교 소속 등이 참여하는 실무협의체를 조직하여 관련 현안들을 계속 협의해 나갈 것을 합의했다.

어떻게 부울경 광역연합을 만들 것인가

영국과 우리나라 가릴 것 없이 연방제 국가가 아니라 중앙집권적 단일제 국가의 한계 속에서 지방자치단체 간 협력 관계의 수준을 극대화한 제도적 형식은 역시 우리나라의 광역자치단체들이 추진한 바 있었던 '광역연합'이나 영국 지방정부가 추진했던 '연합기구'가 가장 전형적인 사례라 할 수 있다. 하지만 영국과 한국은 중앙집권적 단일제 국가라는 체계 차원에서의 동질성에도 불구하고 지방자치단체 간 협력을 위한 노력이 거둔 성과에서는 큰 차이를 보여주고 있다.

영국의 경우에는 전체적으로 유럽연합 자치헌장에서 제시된 분권화의 요구 수준에 따라 중앙정부가 적극적으로 분권화를 지향하는 정책과 제도들을 추진해 나감으로써 지방정부 차원에서의 지방자치단체 간 협력을 위한 자발적인 노력을 유도해 내고 있다. 대표적인 것이 앞서 살펴본 GMCA를 비롯한 9개의 연합기구 구성이 결국 중앙정부와 지방정부 간에 체결된 분권 협약에 기초하고 있고 그에 따른 중앙정부의 행·재정적 지원이 연합기구 구축의 중요한 동력원으로 작용해 왔던 것이다. 물론 이와 같은 중앙정부의 적극적인 의지와 노력도 중요하겠지만 그에 자극받은 지방정부의 노력 또한 결코 간과할 수 없는 성공 요소라 할 수 있다.

그에 반해 우리나라의 경우 경상남도가 주도했던 부·울·경 지역을 아우르는 동남권 광역연합은 사실상 중앙정부의 관심 부족과 관련 광역자치단체장들의 의지 부족으로 인해 제도화의 초기단계라 할 수 있는 관련 조례 제정의 수준으로까지도 나아가질 못했다. 대구·경북의 상생협력 사업은 상대적으로 동남권 광역자치단체들과는 비교가 안 될 정도로 강한 의지와 추진력으로 중앙정부의 관심 부족이라는 현실적 한계를 극복하고 관련 조례 제정의 수준으로까지는 발전해 나갈 수 있었다. 하지만 그 또한 중앙정부의 의지부족과 무관심이 이어지면서 결국에는 다음 단계의 제도화 수준으로 나아가진 못한 상태에서 추진력을 잃어가고 있는 실정이다.

따라서 영국과 우리나라의 광역연합 형식의 지방자치단체 간 협력의 사례를 비교해 봤을 때 무엇보다 중요한 것은 지방자치단체 간 자율적인 협력 분위기를 조성해 광역연합 차원의 제도화를 이끌어냄으로써 전체적으로 지방자치의 효율성을 진작해 나가겠다는 중앙정부의 의지가 존재하느냐의 여부라 할 수 있다. 지방자치단체 스스로의 자생력에 기반한 협력 체계 구축도 물론 필요하겠지만 영국의 '연합기구'

사례에서 알 수 있듯이 중앙정부의 적극적인 재정적, 제도적 차원의 지원이 전제되지 않을 경우 지방자치단체만의 노력으로는 명백한 한계가 노정될 수밖에 없다.

그렇다면 현재와 같은 우리나라의 지방자치 및 중앙정치의 현실에서 과연 지방자치단체 간 협력을 증진하기 위한 중앙정부의 의지를 새롭게 다지고 관련된 행·재정적 지원을 이끌어낼 가능성은 있는가 하는 점이 의문으로 남게 된다. 결론부터 말하자면 충분히 가능하다는 것이고, 그런 기대를 갖게 하는 실마리를 최근 문재인 정부가 내놓은 '자치분권 종합계획'의 문제의식에서 찾을 수 있다고 본다.

문재인 정부가 발의한 지방분권형 개헌안이 국회의 사보타지로 인해 결국 본회의에 상정도 되지 못한 채 폐기되고 말았지만 정부는 대통령 소속 자치분권위원회의 자치분권 로드맵을 발전시켜 2018년 9월 국무회의를 통해 '자치분권 종합계획'을 정부의 공식적인 자치분권 계획으로 확정한바 있다. 정부가 발의한 지방분권형 개헌안이나 대통령 선거운동 기간에 제시했던 공약과 비교해 볼 때 '자치분권 종합계획'은 여러 가지 면에서 후퇴한 측면이 많다는 비판이 제기되고 있는 것은 사실이다. 하지만 그래도 역대정부의 자치분권 관련 정책들과 비교해 볼 때 매우 혁신적인 제도적 개선

희망에 대하여_부울경 메가시티

방안을 담고 있다는 사실 또한 부정할 수 없다. 특히 본 연구가 다루고 있는 중앙-지방 및 자치단체 간의 협력 강화와 관련된 제도 개선 관련 이슈는 기존 정부들에서는 제대로 제안되거나 시도된 바가 없는 내용이다. 자치분권 종합계획이 제시하고 있는 중앙-지방 및 자치단체 간 협력 강화의 기본 방향은 중앙-자치단체 간 실질적인 소통과 협력이 정립될 수 있도록 협력기구 구성 및 운영방안을 마련하고 협력 기구의 설치를 법제화한다는 것인데(자치분권위원회 2018, 30), 이런 점에서는 진일보한 측면이 없지 않다.

또한 자치분권 종합계획은 자치단체 간 협력을 활성화하기 위해 새로운 방식의 자치단체 간 협력제도를 마련하는데에 초점을 두고 있다는 점도 고무적인 부분이라 할 수 있다. 그와 관련된 자치분권 종합계획의 내용을 정리해 보면 다음과 같다. 첫째, "자치단체의 관할구역을 초월한 권역 내의 단일 또는 복합적 사무를, 광역계획 등의 수립에 의하여 종합적·효율적으로 처리할 수 있는 특별지방자치단체 제도를 도입한다는 것이다. 둘째, "국가 간의 조약과 같이 다수의 자치단체가 협약을 체결하여, 별도의 법인이나 조직 설치 없이 사무 처리와 정책 면에서 역할을 분담하는 등 새로운 협력제도를 도입"하자는 것이다. 셋째, 현행 지방자치법에 보장되어 있는 행정협의회, 사무위탁, 조합 등과 같은 협력제도의 목적과 절차 그리고 근거규정을 보완함으로써 실질적인 협력이 이루어질 수 있도록 하겠다는 것이다. 아울러 기존의 협력제도를 활성화하기 위한 행·재정적 지원을 아끼지 않겠다는 것도 정부의 자치분권 종합계획이 제시한 방법의 하나이다. 토지이용, 광역 대중교통망 구축, 쓰레기 처리, 동물원·컨벤션센터 운영, 빈집 등 지역자원 공동관리 등 광역적 수행이 더 바람직한 분야를 확대하는 한편으로 자치단체별 농수산물의 생산·가공·유통 등 농상공 연계프로그램 등 자치단체 간 기능적 협력사업을 추진하는 방안도 제시되고 있다. 또한 협력제도의 기본지침, 협약 절차, 표준 규약, 특별지방자치단체의 경우, 중앙 및 시·도 권한의 이양 요구권 부여 등을 제시하는 한편으로 인구감소지역 등에서는 기구 및 시설의 공동 활용방안 및 사무·정책 면에서의 역할분담 기준 등을 마련해 줄 것을 요구하고 있다(자치분권위원회 2018, 30-32).

광역연합의 형성을 통해 지방자치의 새로운 지평을 열어나가겠다는 생각을 지닌 지방자치단체로서는 자치분권 종합계획이 보여주는 이와 같은 전향적인 변화를 십분 활용할 필요가 있다. 그러기 위해서는 영국 지방정부들이 보여준

'연합기구' 구축 사례의 교훈을 바탕으로 우리나라의 지방자치 현실에 부합하는 광역적 차원에서의 새로운 지방자치단체 간 협력 모형을 구축하기 위한 과감한 실험적 노력이 필요해 보인다.

참고문헌

가덕신공항 건설이 가져올 동남권 경제의 미래, 부산상공회의소, 2020.10.

경제위기 이후 산업구조 변화가 코로나19 위기에 주는 시사점, 한국은행 부산본부, 2020.

고향사랑 상품권의 경제적 효과분석 및 제도화 방안, 한국지방행정연구원, 2017.

관광공간구조 특성에 따른 관광객 이동 분석-울산광역시를 중심으로-.
　　　손수민, 2015. 동의대학교 박사학위논문.

국가 혁신성장의 지름길, 동남권 메가시티-동남권 산업 일체화를 통한 미래성장전략.
　　　부산산업과학혁신원. 2020.

국내인구이동통계. 통계청. 2019.

글로벌 전자상거래 시대의 전략과 과제, 한국경제연구원, 2019.10.23.

"대졸 청년 역외유출 원인과 해소방안 연구 - 대구경북지역을 중심으로-". 김용현, 2012.
『Journal of Daegu Gyeongbuk Development Institute』, 11권 3호.

동남권 관광산업 현황 및 시사점. BNK금융경영연구소 동남권연구센터. 2020.

"동남권 산업의 흐름 및 전후방 효과". 정성문·민서현. 혁신생태계 관점에서 살펴본 동남권
　　　연계 협력방안 연구. 부산산업과학혁신원. 2019.

"동남권의 연구개발 협력관계 변화양상". 홍자연·정윤정. 혁신생태계 관점에서 살펴본
　　　동남권 연계 협력방안 연구. 부산산업과학혁신원. 2019.

"동남권의 잠재성장률 추정과 원인 분석". 박갑제. 혁신생태계 관점에서 살펴본 동남권
　　　연계 협력방안 연구. 부산산업과학혁신원. 2019.

"동남권 협력활동의 이력과 문제점". 강영훈. 혁신생태계 관점에서 살펴본 동남권 연계
　　　협력방안 연구. 부산산업과학혁신원. 2019.

동백전 재정자립과 지속가능성 달성을 위한 방안연구, 신라대학교 산학협력단, 2020

부산경제 현황과 과제-부산경제 성장여건 점검, 한국은행 부산본부, 2020.

부산 글로벌 전자상거래 해상물류 허브 구축, 부산연구원, 2020.09.14.

釜山市史, 부산직할시사편찬위원회, 1990.

부산지역 산업구조 변화가 지역 성장 및 고용에 미친 영향, 한국은행 부산본부, 2011.

부산항의 패러다임 변화, 전자상거래 기반 O2O 물류센터형 상업항, 김율성, 2020. 4.

새로운 시대 균형발전 전략 및 실행과제. 권영섭. 국토연구원. 2020.11.06.

수도권 집중의 사회경제적 파급효과 분석 연구, 국토연구원, 2001.

"실질적 국가균형발전정책 구상하고 지속적인 실행력 높이는 데 주력해야."

    『부산발전포럼』 168:36-43. 이정석. 2017.

알기 쉬운 도시계획 용어, 2016. 12. 서울특별시 도시계획국

"역대정부 균형발전정책의 성과평가: 박정희 정부에서 박근혜 정부까지."

    『사회과학연구』 25(2):8-42. 차재권. 2017.

"영국 분권형 지역균형발전정책과 지역 적용 사례(1): 지자체 연합기구, 분권협상,

    시티 딜." 대한민국시도지사협의회 자료집. 대한민국시도지사협의회. 2018.

울산지역 가계소비 유출입 현황 및 특징, 한국은행 울산본부, 2020.

『자치분권 종합계획(안)』. 자치분권위원회. 2018.

"재정분권화가 재정력 격차에 미치는 영향에 관한 연구." 『지방정부연구』. 13(2):51-73.

    오시환 · 한동효. 2009.

"재정분권화와 지역 경제 성장간의 관계에 관한 연구: 재정분권화 지표의개발과 실증분

    석." 『한국지방재정논집』. 제6권 제2호: 177-202. 최병호 · 정종필. 2001.

제3차 관광개발기본계획(2012~2021). 문화체육관광부. 2011.

"지방자치단체 행정협의회 부담금 관리 투명성 제고방안." 국민권익위원회 의결

    (2018.8.20.).

지역경제 활성화를 위한 지역화폐 도입에 관한 연구, 국회예산결산특별위원회, 2017.

지역균형발전을 위한 통합적 지역발전체계 구축 기초연구, 국토연구원, 2019

지역 내 순환경제 구축을 위한 지역재투자법의 필요성, 한국지방행정연구원, 2018

지역발전 촉진을 위한 2단계 혁신도시 활성화 방안, 김진범 외, 국토연구원, 2017

지역자금의 역외유출 방지방안, 대전발전연구원, 2003.

"지역행복생활권의 의미와 과제." 『지역과 경제』 12:27-29. 송미령. 2013.

지역화폐 도입·확대에 따른 성과분석 및 발전방안, 경기연구원, 2019

지역 활성화를 위한 지역화폐의 쟁점과 과제, 경기연구원, 2018

코로나19 이후 최근 수출 물류 동향, 한국무역협회 국제무역통상연구원, 2020.06.17.

특집, 부산대개조, 동남권 신공항, 정헌영, 부산발전연구원, 2020.02.28.

품목별 수출통계로 본 부산지역 신성장산업 위상과 과제, 부산상의, 2020.08.06.

"한국의 재정분권화가 거시경제의 안정과 경제성장에 미치는 영향." 「한국정책학회보」. 13(3):89-118. 이용모. 2004.

항공MRO산업 육성을 통한 일자리 창출 방안, 한국노동연구원, 2019.10.

항공화물 수요분석 및 화물처리 활성화 방안, 송계의, 2019.10.

2020년 동남권 경제전망, BNK금융경영연구소, 2019

"동남권 부활, 관광 광역화가 답이다"윤태환. 부산일보. 2018. 6.21.

"항공화물 김해서 처리 못해 90% 타 공항 이용…관문공항 절실", 국제신문, 2020.6.18.

"중국 물류·의료·관광 3대 협력 제안, 부산 도약의 계기로", 부산일보, 2020.09.13.

"지역 넘어 동남권 관광벨트로". 민경진. 국제신문. 2019.9.16.

"물류·의료·관광 '삼각 협력' 성사되면 부산 도약 새 전기", 부산일보, 2020.09.14.

Bardhan, P., and D. Mookherjee. 2001. "Relative capture of local and central governments: An essay in the political economy of decentralization." In G. Eskeland, S. Devarajan, and H. F. Zhou ed. *Fiscal Decentralization: Promises and Pitfalls.* Washington, DC: The World Bank.

BOEING. 2018. WORLD AIR CARGO FORECAST 2018-2037,

Davoodi, Hamid, and Heng-fu Zou. 1998. "Fiscal Decentralization and Economic Growth: Cross-Country study." *Journal of Urban Economics*. Vol. 43: 244-257.

Oates, W. E. 1972. *Fiscal Federalism*. New York: Hascourt Brace Jovanovich.

Parry, Taryn. 1997. "Achieving Balance in Decentralization: Decentralization in Chile. *World Development*. Vol. 25: 211-225.

Prud'Homme, Rémy. 1995. "The Dangers of Decentralization." *World Bank Research Observer* 10: 201-220.

Rodden, Jonathan. 2002. "The Dilemma of Fiscal Federalism: Grants and Fiscal Performance Around the World." *American Journal of Political Science*. Vol. 46: 670-687.

Tanzi, V. 1996. "Fiscal Federalism and Decentralization: A Review of Some Efficiency and Macroeconomics Aspects." In M. Bruno and B. Pleskovic eds. *Annual World Bank Conference on Development* Economics. Washington, D.C.: World Bank.

Thorton, J. 2007. "Fiscal Decentralization and Economic Growth Reconsidered." *Journal of Urban Economics*. Vol. 67: 64-70.

Wright, Deil S. 1988. *Understanding Intergovernmental Relations,* 3rd ed. CA: Pacific Grove Books/Cole Publishing Co.

[부록]
부산·울산·경남 메가시티 (광역연대) 추진 방향에 대한 지역주민 인식조사 결과 분석

'지방분권 부산시민연대'는 과밀화된 수도권에 대응하고 나아가 세계적인 경쟁력을 갖춘 초 광역적 발전체계를 갖추자는 '부산·울산·경남 메가시티(광역연대)'의 추진 필요성이 부각됨에 따라 '부산·울산·경남 메가시티(광역연대) 추진 방향에 대한 지역주민 인식조사'(대상 부산·울산·경남 지역주민 700명)를 실시하여 최근 발표하였다. 소중한 자료라고 생각되어 보도자료의 내용을 함께 싣는다.

1. 조사개요

조사명	부산·울산·경남 메가시티(광역연대) 추진 방향에 대한 지역주민 인식조사
조사방법	조사원에 의한 전화면접조사
조사기간	2020년 11월 28~29일. 2일간
표집대상	부산광역시 16개 구·군, 울산광역시 5개 구·군 및 경상남도 18개 시·군의 지역별 인구비례를 적용하여 700명의 주민을 표집대상으로 선정
표집방법	무작위 표본 추출방법과 비례층화 표집방법의 혼합
표집틀	전화번호부 DB
표본오차	95% 신뢰수준 ±3.7%
주최	지방분권 부산시민연대, 부경대학교지방분권발전연구소, (사)시민정책공방
주관	지방분권 부산시민연대

희망에 대하여_부울경 메가시티

2. 조사의 배경과 목적

● 1991년 지방의원 선거 재실시를 통한 지방자치 부활 이후 30년에 가까운 시간이 흘렀지만, 실질적인 지방분권과 균형발전이 진행되었다고 보기 어려움. 특히 수도권으로의 쏠림은 더욱 강화됨. 또한 부산과 울산, 경남의 경우 지속적인 인구 감소와 해운·조선업을 비롯한 지역 기간 산업의 위축 및 구조조정으로 인하여 새로운 발전 동력 확보 필요성 등이 대두됨.

● 세계적으로 유례없는 수도권 집중을 탈피, 분권과 균형발전을 통한 국가경쟁력 혁신의 틀을 구축하고 세계적 차원의 초광역적 연합,통합 등에 대응하기 위해 부산·울산·경남의 행정구역을 넘어선 초광역 분권형 체계인 동남권 메가시티에 대한 공감대는 지방정부,지방의회,상공계 등을 중심으로 확산되고 있고 오는 12월 9일, 지방자치법 전부개정안의 국회 본회의 통과가 예정되어 있어 본격적인 실행을 촉진하고 있는 상황임.

● 이러한 메가시티 추진은 광역연대의 형태로 경제공동체 중심의 광역연합에서 나아가 행정통합의 광역통합에 대한 비전과 추진으로 이어지고 있기도 한데 동남권만이 아니라 대구·경북, 광주·전남, 충청권

등에서도 진행되고 있어 동남권 메가시티의 추진 방향과 실행과정은 국가적인 차원의 초광역체계 구축의 마중물 역할을 해나감으로서 중앙집권과 수도권집중의 국정운영 체계를 지방분권과 균형발전의 체계로 혁신하는 선도 역할을 해야 할 것임.

● 한편, 동남권 메가시티 추진 과정은 행정 내부나 상공계 등의 공감과 합의만으로 힘있게 추진될 수는 없고 무엇보다 부산·울산·경남 지역주민의 공감과 지지, 추진과정의 적극적인 참여가 바탕이 되어야 할 것이다. 이에 부산·울산·경남 메가시티의 추진은 각 지역주민 간의 협력과 연대를 통해 이루어진다는 점에서 지역주민의 공감대를 확산하고 범주민적인 추진역량을 강화해나가기 위해 현시점에서 지역주민의 인식을 점검하여 향후 본격적인 추진을 위한 토대를 마련하고자 함.

● 동남권 메가시티에 대한 부산·울산·경남 지역주민의 평가와 의사를 토대로 각 3개 시·도 행정단위를 중심으로 주민홍보 등 향후 효율적인 추진을 위한 기초자료를 제시하고자 함.

3. 조사결과 (「결과보고서」 4쪽~37쪽)

제2장. 응답자 특성

거주지 - 전체

		빈도	퍼센트	유효퍼센트	누적퍼센트
유효	부산	312	44.6	44.6	44.6
	울산	103	14.7	14.7	59.3
	경남	285	40.7	40.7	100.0
	합계	700	100.0	100.0	

제3장. 빈도분석 결과

1. 【문1】 '부산·울산·경남 동남권 메가시티'에 대한 인지 여부

【문1-전체】 '부산·울산·경남 동남권 메가시티'에 대한 인지 여부

		빈도	퍼센트	유효퍼센트	누적퍼센트
유효	그렇다	283	40.4	40.4	40.4
	그렇지 않다	417	59.6	59.6	100.0
	합계	700	100.0	100.0	

●【문1】"'부산·울산·경남 동남권 메가시티'라는 말을 들어본 적이 있으십니까?"

●【문1】의 '부산·울산·경남 동남권 메가시티'에 대한 인지 여부를 묻는 질문에 59.6%가 '그렇지 않다', 40.4%가 '그렇다'는 응답을 해 10명 중 6명이 모르고 있는 결과로 주민 홍보와 공감대 확산이 시급하다고 할 것임.

● 지역별로 구분해 살펴보면, 인지하고 있지 못하다는 의견이 부산(61.5%), 울산(56.3%), 경남(58.6%)으로 세 지역 모두 인지하고 있다는 의견에 비해 높게 나타남. 특기할 만한 점은 동남권 메가시티 논의를 주도해 나가야 할 부산에서 메가시티에 대한 인지도가 상대적으로 가장 낮게 나타나고 있어 부산시 등의 더 많은 주민홍보 노력이 필요할 것으로 보임.

【문1-전체】 '부산·울산·경남 동남권 메가시티'에 대한 인지 여부

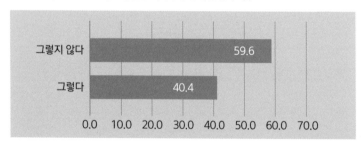

희망에 대하여_부울경 메가시티

【문1-부산】 '부산·울산·경남 동남권 메가시티'에 대한 인지 여부

		빈도	퍼센트	유효퍼센트	누적퍼센트
유효	그렇다	120	38.5	38.5	38.5
	그렇지 않다	192	61.5	61.5	100.0
	무응답	0	0	0	100.0
	합계	312	100.0	100.0	

【문1-울산】 '부산·울산·경남 동남권 메가시티'에 대한 인지 여부

		빈도	퍼센트	유효퍼센트	누적퍼센트
유효	그렇다	45	43.7	43.7	43.7
	그렇지 않다	58	56.3	56.3	100.0
	무응답	0	0	0	100.0
	합계	103	100.0	100.0	

【문1-경남】 '부산·울산·경남 동남권 메가시티'에 대한 인지 여부

		빈도	퍼센트	유효퍼센트	누적퍼센트
유효	그렇다	118	41.4	41.4	41.4
	그렇지 않다	167	58.6	58.6	100.0
	무응답	0	0	0	100.0
	합계	285	100.0	100.0	

【문1】 '부산·울산·경남 동남권 메가시티'에 대한 인지 여부

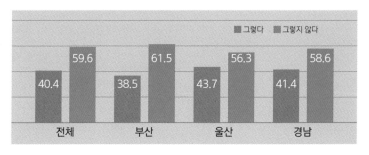

1-1. 【문1-1】 '부산·울산·경남 동남권 메가시티'의 인지 경로

【문1-1-전체】 '부산·울산·경남 동남권 메가시티'의 인지 경로

		빈도	퍼센트	유효퍼센트	누적퍼센트
유효	언론	238	34.0	84.1	84.1
	행정기관	8	1.1	2.8	2.8
	토론회, 회의 등 모임	11	1.6	3.9	3.9
	주변 지인	19	2.7	6.7	6.7
	기타	7	1.0	2.5	2.5
	합계	283	40.4	100.0	100.0
결측	결측	417	59.6		
합계		700	100.0		

● 【문1-1】(【문1】의 '그렇다' 응답자에 한해) "'부산·울산·경남 동남권 메가시티'라는 말을 어디를 통해서 알게 되셨습니까?"

● 【문1】에서 동남권 메가시티에 대해 인지하고 있는 응답자를 대상으로, '부산·울산·경남 동남권 메가시티'의 인지 경로를 묻는 【문1-1】에서 84.1%의 응답이 '언론'을 통해서 인지한 것으로 나타났음. 이어 '주변 지인'이라는 응답이 6.7%, '토론회, 회의 등 모임' 3.9%, '행정기관' 2.8%, '기타' 2.5% 등의 순이었는데 행정기관이 매우 낮게 나타나 3개 부산시, 울산시, 경남도의 주민접촉, 홍보, 인식, 공감 확대를 위한 노력이 시급히 요구된다고 할 것임.

● 【문1-1】의 지역별 응답을 살펴보면, 부산(80.8%), 울산(95.6%)과 경남(83.1%) 모든 지역에서 '언론'을 통해 인지하였다는 응답이 가장 높게 나타났음. 특기할 점은 경남의 경우 '지인'을 통해 인지하였다는 응답이 10.2%를 차지하여 두 번째로 높은 응답을 보이고 있음.

● 한편 부산의 경우 '행정기관'과 '토론회, 회의 등 모임'을 통해 인식하였다는 응답이 각각 5.8%를 기록하여 울산, 경남에 비해 상대적으로 높게 나타났음.

【문1-1-전체】'부산·울산·경남 동남권 메가시티'의 인지 경로

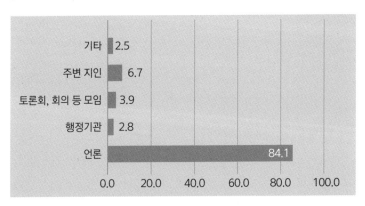

【문1-1-부산】 '부산·울산·경남 동남권 메가시티'의 인지 경로

		빈도	퍼센트	유효퍼센트	누적퍼센트
유효	언론	97	31.1	80.8	80.8
	행정기관	7	2.2	5.8	86.7
	토론회, 회의 등 모임	7	2.2	5.8	92.5
	주변 지인	6	1.9	5.0	97.5
	기타	3	1.0	2.5	100.0
	합계	120	38.5	100.0	
결측	결측	192	61.5		
합계		312	100.0		

【문1-1-울산】 '부산·울산·경남 동남권 메가시티'의 인지 경로

		빈도	퍼센트	유효퍼센트	누적퍼센트
유효	언론	43	41.7	95.6	95.6
	행정기관	0	0	0	95.6
	토론회, 회의 등 모임	1	1.0	2.2	97.8
	주변 지인	1	1.0	2.2	100.0
	기타	0	0	0	100.0
	합계	45	43.7	100.0	
결측	결측	58	56.3		
합계		103	100.0		

【문1-1-경남】 '부산·울산·경남 동남권 메가시티'의 인지 경로

		빈도	퍼센트	유효퍼센트	누적퍼센트
유효	언론	98	34.4	83.1	83.1
	행정기관	1	0.4	0.8	83.9
	토론회, 회의 등 모임	3	1.1	2.5	86.4
	주변 지인	12	4.2	10.2	96.6
	기타	4	1.4	3.4	100.0
	합계	118	41.4	100.0	
결측	결측	167	58.6		
	합계	285	100.0		

【문1-1】 '부산·울산·경남 동남권 메가시티'의 인지 경로

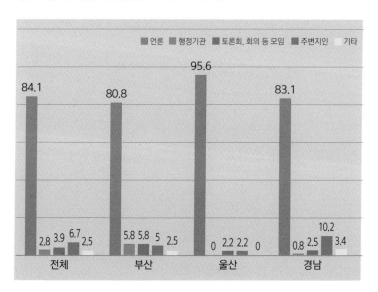

2. 【문2】 부산·울산·경남의 협력 정도

【문2】 부산·울산·경남의 협력 정도

		빈도	퍼센트	유효퍼센트	누적퍼센트
유효	그렇다	78	11.1	11.1	11.1
	보통이다	155	22.1	22.1	33.3
	그렇지않다	194	27.7	27.7	61.0
	모르겠다	273	39.0	39.0	100.0
	합계	700	100.0	100.0	

● 【문2】 "현재 부산·울산·경남의 협력이 잘 이루어지고 있다고 생각하십니까?"

● 【문2】의 부산·울산·경남의 협력 정도에 대해 묻는 질문에 응답자의 27.7%가 '그렇지 않다'고 응답하여 11.1%를 기록한 '그렇다'는 응답보다 2배 이상 높게 나타나, 향후 메가시티 추진을 통해 부산·울산·경남의 협력이 지금보다 대폭 확대, 화된다는 점을 적극 홍보할 필요가 있을 것으로 보임.

● 그러나 '모르겠다'는 응답이 39.0%로 가장 높게 나타났으며 '보통이다'는 응답 또한 22.1%로 총 61.1%를 기록, 따라서 부산·울산·경남의 협력 정도에 대해서 지역주민은 긍정과 부정보다는 무관심과 응답 유보적 태도를 강하게 드러냈다고 보는 것이 타당할 것으로 보여

향후 지역주민의 관심과 체감도를 높여나가야 할 것임.

● 【문2】의 지역별 응답을 살펴보면, '그렇다'는 응답은 부산(14.4%)
이 울산(8.7%)과 경남(8.4%)에 비해 높게 나타남. 반면 '그렇지 않다'
는 응답은 울산(35.0%), 경남(28.1%), 부산(25.0%)의 순서로 나타
남.

● '보통이다'는 응답은 경남에서 27.7%를 기록하여 부산(19.6%)
과 울산(14.6%)에 비해 높게 나타났으며, 모르겠다는 응답은 부산
(41.0%)과 울산(41.7%)에서 경남(35.8%)에 비해서 소폭 높게 나타
남.

【문2-전체】 부산·울산·경남의 협력 정도

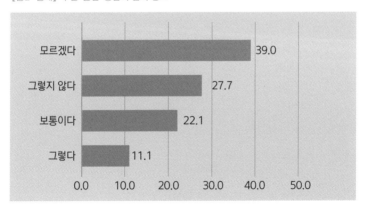

【문2-부산】 부산·울산·경남의 협력 정도

		빈도	퍼센트	유효퍼센트	누적퍼센트
유효	그렇다	45	14.4	14.4	14.4
	보통이다	61	19.6	19.6	34.0
	그렇지않다	78	25.0	25.0	59.0
	모르겠다	128	41.0	41.0	100.0
	합계	312	100.0	100.0	

【문2-울산】 부산·울산·경남의 협력 정도

		빈도	퍼센트	유효퍼센트	누적퍼센트
유효	그렇다	9	8.7	8.7	8.7
	보통이다	15	14.6	14.6	23.3
	그렇지않다	36	35.0	35.0	58.3
	모르겠다	43	41.7	41.7	100.0
	합계	103	100.0	100.0	

【문2-경남】 부산·울산·경남의 협력 정도

		빈도	퍼센트	유효퍼센트	누적퍼센트
유효	그렇다	24	8.4	8.4	8.4
	보통이다	79	27.7	27.7	36.1
	그렇지않다	80	28.1	28.1	64.2
	모르겠다	102	35.8	35.8	100.0
	합계	285	100.0	100.0	

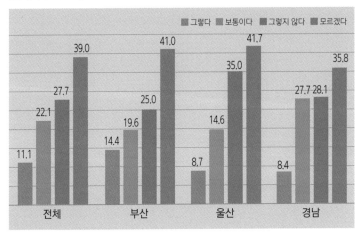

2-1. 【문2-1】 부산·울산·경남의 협력이 잘 이루어지는 분야

【문2-1-전체】 부산·울산·경남의 협력이 잘 이루어지는 분야

		응답			케이스 퍼센트
		빈도	퍼센트	유효퍼센트	
유효	산업/경제	24	3.4%	25.8%	3.5%
	문화/관광	12	1.7%	12.9%	1.7%
	보건/복지	6	0.8%	6.5%	0.9%
	교통	29	4.1%	31.2%	4.2%
	해양/항만	14	2.0%	15.1%	2.0%
	기타	4	0.6%	4.3%	0.6%
	무응답	4	0.6%	4.3%	0.6%
	합계	93	13.2%	100.0%	13.5%
결측	결측	614	86.8%		89.0%
합계		707	100.0%		102.5%

● 【문2-1】(【문2】의 '그렇다' 응답자에 한해) "부산·울산·경남의 협력이 어느 분야에서 잘 이루어지고 있다고 생각하십니까?" (2개까지 복수 응답 가능)

● 부산·울산·경남의 협력이 잘 이루어지고 있다고 응답한 응답자를 대상으로, 협력이 잘 이루어지고 있는 분야를 묻는 【문2-1】에서 유효 응답의 31.2%가 '교통'이라 답변함. 이어 '산업/경제'가 25.8%, '해양/항만' 15.1%, '문화/관광' 12.9%의 순서로 나타나 향후 광역교통망 구축이 동남권 메가시티의 성공적인 추진을 위한 핵심 요소임을 보여주고 있다고 할 것임.

● 【문2-1】의 지역별 응답을 살펴보면, 부산과 경남은 '교통'과 '산업/경제'란 응답이 가장 높게 나타났으며, 울산은 '보건/복지'와 '해양/항만'이란 응답이 가장 높게 나타났음. 다만 응답 대상자 수가 적어서 통계적 의미는 비교적 크지 않음.

【문2-1-전체】 부산·울산·경남의 협력이 잘 이루어지는 분야

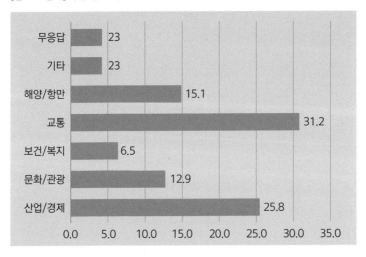

【문2-1-부산】 부산·울산·경남의 협력이 잘 이루어지는 분야

		응답			케이스 퍼센트
		빈도	퍼센트	유효퍼센트	
유효	산업/경제	17	5.4%	30.4%	5.6%
	문화/관광	6	1.9%	10.7%	2.0%
	보건/복지	1	0.3%	1.8%	0.3%
	교통	18	5.7%	32.1%	5.9%
	해양/항만	10	3.2%	17.9%	3.3%
	기타	2	0.6%	3.6%	0.7%
	무응답	2	0.6%	3.6%	0.7%
	합계	56	17.7%	100.0%	18.4%
결측	결측	260	82.3%		85.2%
합계		316	100.0%		103.6%

【문2-1-울산】부산·울산·경남의 협력이 잘 이루어지는 분야

		응답			케이스 퍼센트
		빈도	퍼센트	유효퍼센트	
유효	산업/경제	0	0	0	0
	문화/관광	0	0	0	0
	보건/복지	3	2.9%	37.5%	2.9%
	교통	2	2.0%	25.0%	2.0%
	해양/항만	3	2.9%	37.5%	2.9%
	기타	0	0	0	0
	무응답	0	0	0	0
	합계	8	7.8%	100.0%	7.8%
결측	결측	94	92.2%		92.2%
	합계	102	100.0%		100.0%

【문2-1-경남】부산·울산·경남의 협력이 잘 이루어지는 분야

		응답			케이스 퍼센트
		빈도	퍼센트	유효퍼센트	
유효	산업/경제	7	2.4%	24.1%	2.5%
	문화/관광	6	2.1%	20.7%	2.1%
	보건/복지	2	0.7%	6.9%	0.7%
	교통	9	3.1%	31.0%	3.2%
	해양/항만	1	0.3%	3.4%	0.4%
	기타	2	0.7%	6.9%	0.7%
	무응답	2	0.7%	6.9%	0.7%
	합계	29	10.0	100.0%	8.1%
결측	결측	260	90.0%		91.9%
	합계	289	100.0%		102.1%

【문2-1】부산·울산·경남의 협력이 잘 이루어지는 분야

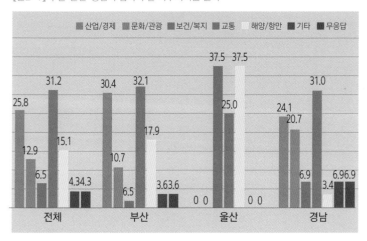

2-2.【문2-2】부산·울산·경남의 협력이 잘 이루어지지 않는 이유

【문2-2-전체】부산·울산·경남의 협력이 잘 이루어지지 않는 이유

		빈도	퍼센트	유효퍼센트	누적퍼센트
유효	행정구역이 달라서	57	8.1	30.6	30.6
	지역이기주의 때문에	48	6.9	25.8	56.5
	산업/경제의 연관성이 적어서	46	6.6	24.7	81.2
	광역교통망의 부족 때문에	20	2.9	10.8	91.9
	기타	12	1.7	6.5	98.4
	무응답	3	0.4	1.6	100.0
	합계	186	26.6	100.0	
결측	결측	514	73.4		
합계		700	100.0		

● 【문2-2】(【문2】의 '그렇지 않다' 응답자에 한해) "부산·울산·경남의 협력이 잘 안 이루어지고 있는 이유가 어디에 있다고 생각하십니까?"

● 【문2】에서 부산·울산·경남의 협력이 잘 이루어지고 있지 않다고 응답한 응답자를 대상으로, 그 이유를 묻는 【문2-2】에서 유효 응답의 30.6%가 '행정구역이 달라서'라고 답변함. 이어 '지역이기주의 때문에'가 25.8%, '산업/경제의 연관성이 적어서'가 24.7%의 순서로 나타났는데 사실 밀접한 연관성이 있는 내용이라고 할 수 있는 '행정구역이 달라서'와 '지역이기주의 때문에'가 총 56.4%를 차지, 행정구역을 뛰어넘는 협력, 연대 체계로서의 동남권 메가시티의 의의와 당위성을 확인할 수 있을 것임.

● 반면 '광역교통망의 부족 때문에'라는 응답은 10.8%를 기록하여 비교적 낮은 응답을 보였으며, '기타'와 '무응답'은 각각 6.5%와 1.6%를 기록하였음. 주요 '기타' 응답으로는 '정치권의 이익싸움', '정치적 이해관계' 등 정치적 갈등을 꼽는 응답이 다수를 이루었음.

● 【문2-2】의 지역별 응답을 살펴보면, 부산(31.1%)과 울산(33.3%)은 '행정구역이 달라서'란 응답이 가장 높게 나타났으며, 경남의 경우 '지역이기주의 때문에'라는 응답이 30.3%를 기록하여 가장 높게 나

타났음. 한편 울산의 경우 '산업/경제의 연관성이 적어서'라는 응답 (33.3%) 또한 높게 나타났음.

【문2-2-전체】부산·울산·경남의 협력이 잘 이루어지지 않는 이유

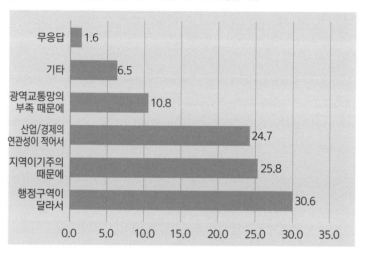

【문2-2-부산】부산·울산·경남의 협력이 잘 이루어지지 않는 이유

		빈도	퍼센트	유효퍼센트	누적퍼센트
유효	행정구역이 달라서	23	7.4	31.1	31.1
	지역이기주의 때문에	19	6.1	25.7	56.8
	산업/경제의 연관성이 적어서	18	5.8	24.3	81.1
	광역교통망의 부족 때문에	8	2.6	10.8	91.9
	기타	4	1.3	5.4	97.3
	무응답	2	0.6	2.7	100.0
	합계	74	23.7	100.0	
결측	결측	238	76.3		
	합계	312	100.0		

【문2-2-울산】 부산·울산·경남의 협력이 잘 이루어지지 않는 이유

		빈도	퍼센트	유효퍼센트	누적퍼센트
유효	행정구역이 달라서	12	11.7	33.3	33.3
	지역이기주의 때문에	6	5.8	16.7	50.0
	산업/경제의 연관성이 적어서	12	11.7	33.3	83.3
	광역교통망의 부족 때문에	5	4.9	13.9	97.2
	기타	1	1.0	2.8	100.0
	무응답	0	0	0	100.0
	합계	36	35.0	100.0	
결측	결측	67	65.0		
	합계	103	100.0		

【문2-2-경남】 부산·울산·경남의 협력이 잘 이루어지지 않는 이유

		빈도	퍼센트	유효퍼센트	누적퍼센트
유효	행정구역이 달라서	22	7.7	28.9	28.9
	지역이기주의 때문에	23	8.1	30.3	59.2
	산업/경제의 연관성이 적어서	16	5.6	21.1	80.3
	광역교통망의 부족 때문에	7	2.5	9.2	89.5
	기타	7	2.5	9.2	98.7
	무응답	1	0.4	1.3	100.0
	합계	76	26.7	100.0	
결측	결측	209	73.3		
	합계	285	100.0		

희망에 대하여_부울경 메가시티

【문2-2】부산·울산·경남의 협력이 잘 이루어지지 않는 이유

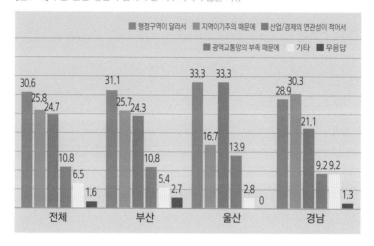

3. 【문3】 부산·울산·경남의 협력과 발전을 위한 가덕도 동남권 신공항 건설의 필요성

【문3-전체】부산·울산·경남의 협력과 발전을 위한 가덕도 동남권 신공항 건설의 필요성

		빈도	퍼센트	유효퍼센트	누적퍼센트
유효	그렇다	299	42.7	42.7	42.7
	보통이다	224	32.0	32.0	74.7
	그렇지않다	174	24.9	24.9	99.6
	모르겠다	3	0.4	0.4	100.0
	합계	700	100.0	100.0	

● 【문3】 "가덕도 동남권 신공항 건설이 부산·울산·경남의 협력과 발전을 위해 필요하다고 생각하십니까?"

● 【문3】의 부산·울산·경남의 협력과 발전을 위한 가덕도 동남권 신공항 건설의 필요성을 묻는 질문에 응답자의 42.7%가 '그렇다'라고 응답하여 가장 높은 응답을 보였음. 반면 '그렇지 않다'는 응답은 24.9%를 기록하여 큰 차이를 보였음. 한편 응답 유보적 성격이라 할 수 있는 '보통이다'의 응답이 32.0%로 비교적 높게 나타났는데, 부산·울산·경남의 공동발전을 위한 가덕도 동남권 신공항의 필요성과 역할에 대한 주민 공감대 확대를 더 강화해 나가야 할 것으로 보임.

● 【문3】의 지역별 응답을 살펴보면, 부산의 경우 응답자의 과반에 육박하는 48.7%가 '그렇다'라고 응답하였음. 반면 경남의 경우 '그렇다'는 응답이 35.8%에 불과하였음. 특기할 만한 점은 울산에서는 '그렇지 않다'라는 응답이 34%, 경남에서는 '보통이다'는 응답이 36.5%를 기록하여 다른 지역과 비교하여 높게 나타났음. 다만 이러한 결과를 고려하더라도 부산과 울산, 경남 세 지역 모두에서 '그렇다'는 응답이 가장 높게 나타나 일단 가덕도 동남권 신공항에 대한 필요성에 대한 지역주민들의 인식 상황은 고무적이라고 할 수 있을 것임.

【문3-전체】 부산·울산·경남의 협력과 발전을 위한 가덕도 동남권 신공항 건설의 필요성

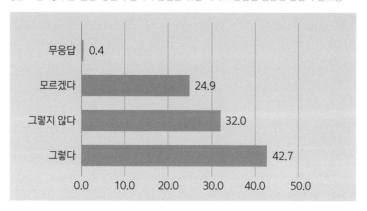

【문3-부산】 부산·울산·경남의 협력과 발전을 위한 가덕도 동남권 신공항 건설의 필요성

		빈도	퍼센트	유효퍼센트	누적퍼센트
유효	그렇다	152	48.7	48.7	48.7
	보통이다	0	0	0	48.7
	그렇지않다	98	31.4	31.4	80.1
	모르겠다	62	19.9	19.9	100.0
	합계	312	100.0	100.0	

【문3-울산】 부산·울산·경남의 협력과 발전을 위한 가덕도 동남권 신공항 건설의 필요성

		빈도	퍼센트	유효퍼센트	누적퍼센트
유효	그렇다	45	43.7	43.7	43.7
	보통이다	22	21.4	21.4	65.0
	그렇지않다	35	34.0	34.0	99.0
	모르겠다	1	1.0	1.0	100.0
	합계	103	100.0	100.0	

【문3-경남】 부산·울산·경남의 협력과 발전을 위한 가덕도 동남권 신공항 건설의 필요성

		빈도	퍼센트	유효퍼센트	누적퍼센트
유효	그렇다	102	35.8	35.8	35.8
	보통이다	104	36.5	36.5	72.3
	그렇지않다	77	27.0	27.0	99.3
	모르겠다	2	0.7	0.7	100.0
	합계	285	100.0	100.0	

【문3】 부산·울산·경남의 협력과 발전을 위한 가덕도 동남권 신공항 건설의 필요성

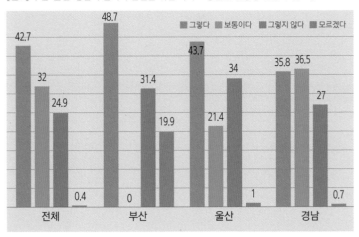

4. 【문4】 부산·울산·경남의 행정단위 통합의 필요성

【문4-전체】부산·울산·경남의 행정단위 통합의 필요성

		빈도	퍼센트	유효퍼센트	누적퍼센트
유효	그렇다	193	27.6	27.6	27.6
	보통이다	318	45.4	45.4	73.0
	그렇지않다	184	26.3	26.3	99.3
	모르겠다	5	0.7	0.7	100.0
	합계	700	100.0	100.0	

● 【문4】 "부산·울산·경남의 협력과 발전을 위해 향후 하나의 행정단위
로 통합하는 것도 필요하다고 생각하십니까?"

● 【문4】의 부산·울산·경남의 행정단위 통합의 필요성에 대한 질문에
응답자의 과반수에 육박하는 45.4%가 '보통이다'라고 응답하였음.
반면 '그렇다'는 응답은 27.6%를 기록하였으며, '그렇지 않다'는 응
답은 26.3%를 기록하였음. 응답 유보적 성격을 가진 '보통이다'는 의
견이 가장 높게 나타난 점과 '그렇과'와 '그렇지 않다'는 응답이 거의
비슷하다는 점에서 행정단위의 통합에 대한 지역주민의 선호는 아직
낮은 수준이라고 할 수 있어 동남권 메가시티의 추진과정과 연계해 그
방향을 지속 검토해나가야 할 것으로 보임.

● 【문4】의 지역별 응답을 살펴보면, 부산의 경우 '그렇다'는 의견 (27.2%)이 '그렇지 않다는 의견(21.8%)과 비교하여 높게 나타났음. 반면, 울산의 경우 '그렇다'는 의견(20.4%)이 '그렇지 않다는 의견(26.2%)에 비해 낮게 나타났음. 한편 경남의 경우 '그렇다'는 의견 (30.5%)과 '그렇지 않다는 의견(31.2%) 사이에 거의 차이를 보이지 않아 현재 일부에서 주장하고 있는 동남권 메가시티와 더불어 1단계로 부산과 경남의 행정통합(선 부산 경남 통합, 후 울산 통합)에 일정한 타당성이 있다고 볼 수 있을 것임.

【문4-전체】 부산·울산·경남의 행정단위 통합의 필요성

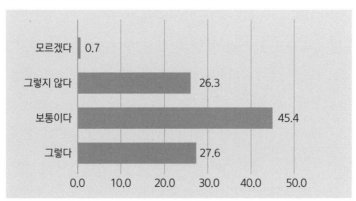

● 희망에 대하여_부울경 메가시티

【문4-부산】 부산·울산·경남의 행정단위 통합의 필요성

		빈도	퍼센트	유효퍼센트	누적퍼센트
유효	그렇다	85	27.2	27.2	27.2
	보통이다	157	50.3	50.3	77.6
	그렇지않다	68	21.8	21.8	99.4
	모르겠다	2	0.6	0.6	100.0
	합계	312	100.0	100.0	

【문4-울산】 부산·울산·경남의 행정단위 통합의 필요성

		빈도	퍼센트	유효퍼센트	누적퍼센트
유효	그렇다	21	20.4	20.4	20.4
	보통이다	53	51.5	51.5	71.8
	그렇지않다	27	26.2	26.2	98.1
	모르겠다	2	1.9	1.9	100.0
	합계	103	100.0	100.0	

【문4-경남】 부산·울산·경남의 행정단위 통합의 필요성

		빈도	퍼센트	유효퍼센트	누적퍼센트
유효	그렇다	87	30.5	30.5	30.5
	보통이다	108	37.9	37.9	68.4
	그렇지않다	89	31.2	31.2	99.6
	모르겠다	1	0.4	0.4	100.0
	합계	285	100.0	100.0	

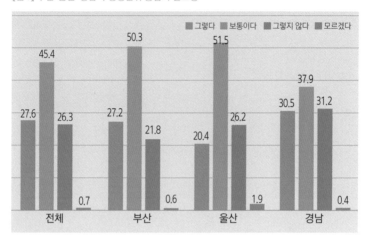

4-1. 【문4-1】행정단위 통합 시, 부산·경남 통합 후 울산을 통합하자는 주장에 대한 의견

【문4-1-전체】행정단위 통합 시, 부산·경남 통합 후 울산을 통합하자는 주장에 대한 의견

		빈도	퍼센트	유효퍼센트	누적퍼센트
유효	찬성한다	64	9.1	33.2	33.2
	부산/울산/경남 동시 추진	73	10.4	37.8	71.0
	부산/울산부터 추진	20	2.9	10.4	81.3
	울산/경남부터 추진	8	1.1	4.1	85.5
	모르겠다	26	3.7	13.5	99.0
	무응답	2	0.3	1.0	100.0
	합계	193	27.6	100.0	
결측	결측	507	72.4		
합계		700	100.0		

● 【문4-1】(【문4】의 '그렇다' 응답자에 한해) 부산·울산·경남을 하나의 행정단위로 통합하기 위해 먼저 부산·경남을 통합하고, 그다음 울산을 통합하자는 주장에 대해 어떻게 생각하십니까?

● 【문4】에서 하나의 행정단위로 통합하는 것도 필요하다고 응답한 응답자를 대상으로, 부산·경남을 먼저 통합하고, 그다음 울산을 통합하자는 주장에 대해 의견을 묻는 【문4-1】에서 유효 응답의 37.8%가 '부산/울산/경남 동시 추진'으로 가장 많고, 그 뒤를 '찬성한다'(33.2%), '모르겠다'(13.5%), '부산/울산부터 추진'(10.4%), '울산/경남부터 추진'(4.1%)의 순으로 나타나 전반적으로 부산·경남 선통합이나 부산·울산·경남 통합에 대한 관심과 인식이 낮은 상황임을 보여주고 있음.

● 【문4-1】의 지역별 응답을 살펴보면, 부산의 경우 '찬성한다'는 의견(42.2%)이 가장 높은 응답을 보였으나, 울산의 경우 '부산/울산/경남 동시 추진'이라는 응답이 66.7%로 가장 높고, 경남의 경우 '찬성한다'(32.6%)와 '부산/울산/경남 동시 추진'(37.1%)이란 응답 간 큰 차이를 보이지 않았음. 다만 【문4-1】 역시 응답 대상자가 적기 때문에 이러한 지역 간의 차이가 통계적 의미를 크게 가진다고 하기는 어려우나 행정통합과 관련, 일단 치밀한 검토와 신중한 접근이 필요할 것으로 보임.

【문4-1-전체】 행정단위 통합 시, 부산·경남 통합 후 울산을 통합하자는 주장에 대한 의견

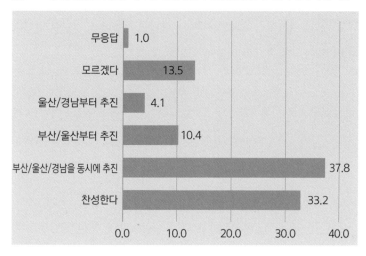

【문4-1-부산】 행정단위 통합 시, 부산·경남 통합 후 울산을 통합하자는 주장에 대한 의견

		빈도	퍼센트	유효퍼센트	누적퍼센트
유효	찬성한다	35	11.2	42.2	42.2
	부산/울산/경남 동시 추진	26	8.3	31.3	73.5
	부산/울산부터 추진	11	3.5	13.3	86.7
	울산/경남부터 추진	2	0.6	2.4	89.2
	모르겠다	8	2.6	9.6	98.8
	무응답	1	0.3	1.2	100.0
	합계	83	26.6	100.0	
결측	결측	229	73.4		
합계		312	100.0		

【문4-1-울산】행정단위 통합 시, 부산·경남 통합 후 울산을 통합하자는 주장에 대한 의견

		빈도	퍼센트	유효퍼센트	누적퍼센트
유효	찬성한다	0	0	0	0
	부산/울산/경남 동시 추진	14	13.6	66.7	66.7
	부산/울산부터 추진	3	2.9	14.3	81.0
	울산/경남부터 추진	3	2.9	14.3	95.2
	모르겠다	1	1.0	4.8	100.0
	무응답	0	0	0	100.0
	합계	21	20.4	100.0	
결측	결측	82	79.6		
	합계	103	100.0		

【문4-1-경남】행정단위 통합 시, 부산·경남 통합 후 울산을 통합하자는 주장에 대한 의견

		빈도	퍼센트	유효퍼센트	누적퍼센트
유효	찬성한다	29	10.2	32.6	32.6
	부산/울산/경남 동시 추진	33	11.6	37.1	69.7
	부산/울산부터 추진	6	2.1	6.7	76.4
	울산/경남부터 추진	3	1.1	3.4	79.8
	모르겠다	17	6.0	19.1	98.9
	무응답	1	0.4	1.1	100.0
	합계	89	31.2	100.0	
결측	결측	196	68.8		
	합계	285	100.0		

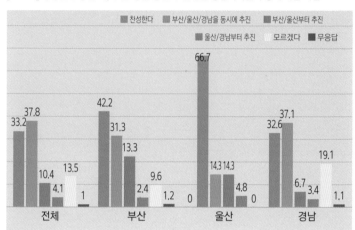

총평

● 아직 주민 인지도와 인식 정도가 낮아 부산 울산 경남 메가시티의 성공적인 추진을 위해 부산시·울산시·경남도의 행정단위를 중심으로 각 지역 내 주민홍보, 공감대 확산이 시급히 요구된다고 할 것임.

● 부산 울산 경남 메가시티를 통해 이루고자 하는 산술적 발전 전망, 목표 차원이 아니라 주거, 보건의료, 일자리 등 주민이 체감하는 생활 개선, 편익 향상 등에 대한 광범위한 소통과 교감 작업이 이루어져야 할 것임.

● 각 지역 차원만이 아니라 부산 울산 경남 주민의 상호 이해증진, 연대강화를 위해 '공동축제', '순회 주민자치 박람회', '언론 공동기획' 등 더 광범위하고 긴밀한 소통과 교류를 활성화해나가야 할 것임.

● 동남권 신공항을 통한 동남권 공동발전은 물론, 가덕도 입지에 대한 일부 환경 차원의 문제의식에 대한 해소 등 선제적·능동적 대응을 통해 주민 공감과 통합의 역동적인 부산 울산 경남 메가시티를 추진해나가야 할 것임.

● 부산 경남 선통합 논의가 울산의 적극적 참여 등 동남권 전체를 아우르는 부산 울산 경남 메가시티 추진과정에 단기적으로는 긍정적이지 않은 요소로 작용할 수도 있다는 점을 주의해야 할 것으로 보이므로 행정통합에 대해서는 선언적인 차원이 아니라 좀 더 구체적이고 치밀한 검토와 신중한 접근이 필요한 것임.

● '메가시티'라는 용어가 다소 어렵고 생경한 측면이 있으므로 행정단위 등 공식적으로 '광역연합', '광역연대' 등의 좀 더 주민 친화적 용어를 동시 사용하는 방안도 적극 검토해야 할 것임.

희망에 대하여 – 부울경 메가시티

ⓒ 2021, 김영춘

기획	유동철
대표저자	김영춘
필진	송지현, 정주철, 정헌영, 주유신, 차재권

초판 1쇄	2021년 1월 13일
편집	박정오, 임명선
디자인	김정란
마케팅	최문섭

펴낸이	장현정
펴낸곳	호밀밭
등록	2008년 11월 12일(제338-2008-6호)
주소	부산 수영구 광안해변로 294번길 24 B1F 생각하는바다
전화	070-7701-4675
팩스	0505-510-4675
이메일	anri@homilbooks.com

Published in Korea by Homilbooks Publishing Co, Busan.

Registration No. 338-2008-6.

First press export edition January, 2021.

ISBN 979-11-90971-21-8 03300

이 도서의 국립중앙도서관 출판예정도서목록(CIP)은 서지정보유통지원시스템 홈페이지
(http://seoji.nl.go.kr)와 국가자료종합목록 구축시스템(http://kolis-net.nl.go.kr)에서
이용하실 수 있습니다. (CIP제어번호 : CIP2020054930)